Jean-Michel Vernochet

COVID-19

CHRONIQUES D'UNE PANDÉMIE

La gouvernance de la peur

Jean-Michel Vernochet

Géopolitologue, journaliste et essayiste, Jean-Michel Vernochet est titulaire :

- ➤ d'une Maîtrise spécialisée d'Ethnographie - Sorbonne.
- ➤ Diplôme d'étude approfondie en Droit International du Développement - Université Paris IV Renée Descartes
- ➤ Diplômé d'Etude approfondie en Philosophie - Université Paris I Sorbonne
- ➤ Diplômé d'Etude approfondie en ethnologie - Université Paris VII Sorbonne

Publié par Le Retour aux Sources

www.leretourauxsources.com

© Le Retour aux Sources – Jean-Michel Vernochet - 2020

À la mémoire de mon fils Louis
22 janvier 1988 † 8 juillet 2019

Lecteurs qui entrez dans ce livre, retrouvez l'espérance…

Le gouvernement de la peur n'aura qu'un temps. Reviendra le temps d'un gouvernement de la raison. Quand chacun aura décrypté tous les mensonges, tous les complots nationaux et internationaux, toutes les petites et grosses combines financières, alors nos peuples pourront relever la tête , refuser le Nouvel Ordre Mondial et restaurer l'ancien ordre national. Comprenez bien Machiavel : « *Celui qui contrôle la peur des hommes devient le maître de leurs âmes* ».

Ce livre est le seul vaccin utile car il nous immunise contre les discours faux de Macron, de Philippe, de Sibeth et d'Ursula etc. etc. Mais « *Comment ne pas être épuisé face à tant de mortelle insolence ?* » interroge avec ironie Jean Michel Vernochet dans la lignée des vrais décrypteurs d'événements. Regardez autour de vous, ces hommes et ces femmes qui répètent le credo de la télévision, qui, confinés deux mois durant, sortent enfin, comme des zombies, masques réglementaires bien en place, à bonne distance les uns des autres. Gens dont les certitudes sont à ce point absolues que le moindre doute se brise aussitôt sur l'épaisse muraille de leur bêtise.

Jean Michel Vernochet, le très informé, met en lumière tous les complots, et rappelons-le, ce n'est pas celui qui dénonce le complot qui est complotiste ! Encore un contre sens orwellien de la

Novlangue pour mieux servir la doxa contemporaine.

Ils ont tellement peur des lanceurs d'alerte qu'ils les coffrent : le docteur Li Wanliang en Chine, Julian Assange en Angleterre ; ou bien ils les forcent à s'exiler, Edward Snowden en Russie, Alain Soral en Suisse, Boris Lelay au Japon... Bonjour la liberté d'expression. Dans la Grèce ancienne, Cassandre elle non plus, ne fut pas écoutée, mais elle n'en fut pas emprisonnée pour autant !

Le gouvernement veut engendrer une peur panique à propos de « *cette grippette teigneuse* » - dont au fond l'on ne sait pas grand-chose - ceci grâce à sa litanie médiatique quotidienne relative au nombre de morts, des chiffres faux, archi faux, à l'image de ceux fournis par une *démocratie populaire* chinoise mentant chaque jour que Dieu fait et des *démocraties* tout court soi-disant *social-libérales* qui elles, mentent seulement un jour sur deux.

Un gouvernement démocratique qui devient tyrannique en instaurant l'état d'urgence sanitaire et le prolonge pour mieux mettre en coupe réglée la totalité de notre vie.

Un gouvernement qui va éliminer toutes les petites entreprises au bénéfice des grosses parce que, chers lecteurs, *Big is beautiful*. La fascination de l'Occident pour l'essor économique phénoménal chinois est d'une stupidité noire. On ignore en Occident le coût humain de cet essor, la réduction autoritaire de la population avec la politique de l'enfant unique et l'avortement obligatoire, les déplacements de populations, le travail forcé pour des centaines de milliers de dissidents et ce, afin que certains puissent s'offrir l'équivalent du château de Versailles, avec au bout du compte, le contrôle étroit de chaque individu via son téléphone…

Une telle fascination montre à quel point les hommes du XXIe siècle sont obsédés par l'or et avides de puissance. *Das Gold*, chante le héros du "Fidelio" de Beethoven. Jadis un nouveau riche était mis, au moins un temps, au banc de la société. On soupçonnait toujours quelque malversation derrière une fortune trop rapide. Aujourd'hui Bill Gates est un dieu, ses milliards dirigent le monde parce que ses fontaines de Dollars inondent l'OMS et toutes les grandes organisations mondiales. Ce grand *philanthrope*, Tartuffe modèle de notre époque, veut nous vacciner et nous *pucer* évidemment pour notre bien, notre santé et notre sécurité ! Tant pis si, comme par hasard, les revenus sonnants et trébuchants de ses nobles opérations reviennent dans ses propres poches ! On pense au grand méchant tout puissant des films de James Bond… Heureusement il ne gagne jamais.

Jean Michel Vernochet, nouveau traqueur de Minotaure parcourant les labyrinthes du mensonge, nous révèle que toutes les prédictions autoréalisatrices concernant cette pandémie, étaient en réalité de véritables projets planifiés de longue date pour instaurer un Nouvel ordre international et réaliser les noirs desseins des Soros, Gates, Warren Buffet, Attali en France et de tous leurs affidés : réduire la population mondiale non pour le bonheur de l'Humanité, mais pour mieux la gérer à leur seul profit. Une partie de ce programme est en passe d'être réalisée, on tue désormais les vieux, les malades et un certain nombre de pauvres, ces derniers n'ayant pas été comme il se doit, comptabilisés dans les statistiques officielles, et l'on vaccine partout à tour de bras !

La dernière peur, bien réelle cette fois, est celle des armes bactériologiques. Jean Michel Vernochet en avisé vigile, révèle toutes les manœuvres obscures employés pour transformer ces laboratoires bactériologiques franco-chinois ou américains, en laboratoires d'armes de destruction massive. Et là « *ça* craint » comme diraient les jeunes !

Cependant il se pourrait qu'à présent la peur commence à changer de camps : notre gouvernement craint viscéralement la tornade jaune qui devrait immanquablement s'abattre sur lui après la ‚levée de la grande séquestration collective ; peur de l'avalanche de procès qui se mijotent… Ce pourquoi il entend déconfiner à reculons. Reste que, peu à peu, la peur semble monter vers le haut de la pyramide d'iniquités. Quant à nous acceptons-en l'augure.

Anne Brassié
Écrivain & publiciste

10 février 2020

Piraterie à tous les étages et pandémie pour tous

L'on ne sait plus où donner de la tête ? Dans le goulet d'étranglement historique où nous nous trouvons précipités, il faut se battre sur tous les fronts… Celui d'abord de la guerre sociétale sans quartier que livre le Pays légal au Pays réel, poisson en *livrée jaune*, épuisé par ses vaines luttes et noyé au bout de la ligne par d'habiles pécheurs d'âmes perdues… N'est-il pas question, puisque les Blancs – *white* et *blancos* dans la bouche de M. Valls[1] - sont encore trop nombreux, de légaliser, outre une complète libéralisation du cannabis (déjà effective dans les faits), l'avortement

---

[1] En juin 2009 "Le député-maire socialiste d'Évry, Manuel Valls, affirmant vouloir lutter contre le « ghetto » et les « communautarismes » et la « haine » intercommunautaire, demandait dans une vidéo tournée quelques jours plus tôt dans une brocante de sa ville que l'on rajoutât dans le champ de la caméra « *quelques blancs, quelques white, quelques blancos* » https://www.lexpress.fr/actualite/politique/manuel-valls-assume-ses-propos-sur-les-white-et-les-blancos_768092.html

à vingt-deux semaines[2] au lieu des douze actuelles, histoire d'accélérer le grand remplacement ethnoculturel par le vide démographique dépressionnaire ainsi créé ?

Le piratage politique, idéologique et neuronal ne s'arrête évidemment pas là. Il commence par le torpillage des cervelles par une presse qui concentre par exemple ses projecteurs sur le cas d'une enfant métisse (dixit France Inter) enlevée par sa mère, à demi-folle dit-on ! Comment une mère peut-elle enlever son propre enfant, mystère ? Où est le père ? Apparemment il s'agit d'une *entité* essentiellement absentéiste… c'est à la mode et encouragé par l'État, surtout depuis l'institutionnalisation de la Procréation médicalement assistée pour *tous* (et

---

[2] Sous la direction de la coprésidente du Planning familial, Véronique Séhier, le Conseil économique, social et environnemental (CESE) a publié en novembre 2019 un rapport intitulé « *Droits sexuels et reproductifs en Europe : entre menaces et progrès* » concluant qu'en France l'accès à l'avortement ne serait pas suffisant en dépit des 224 000 IVG réalisé en 2018. Afin de rétablir l'équilibre (cette politique génocidaire à bas-bruit s'avérant insuffisante), le CESE préconise l'allongement du délai d'intervention de 12 à à 22 semaines, autrement dit à un stade où l'enfant est déjà viable. Ce rapport recommande pour finir, sous certaines conditions (difficultés financières ou de prise de *décision* quant au devenir de la grossesse et une "modification des circonstances de vie rendant la grossesse non souhaitable"), la légalisation de l'avortement jusqu'au terme de la grossesse. L'avortement pour toutes et à la carte !

toutes bien sûr). L'État, Moloch anonyme, se substitue en effet allègrement au *parent 1* et au *parent 2* ! Et cet État invasif, *gendérisé, minoriel* (et on ne sait quoi d'autre), encourage, subventionne à tour de bras une irresponsable licence des mœurs aboutissant à ce type de drame parfaitement navrant... La pitoyable mère aurait ainsi abandonné le cadavre de son enfant – *infans*, qui ne parle pas – dans un bac à déchets textiles. Certes l'infanticide a toujours existé, mais l'on ne peut exclure que cette petite victime est aussi celle d'une contemporaine culture de mort promue dans et par une société se donnant toutes les inversions pour seul horizon... Ce dimanche 9 février, France culture exultait parce qu'une votation dans la Confédération helvétique faisait de l'homophobie (à 63% des suffrages), un crime passible de trois années d'emprisonnement, ceci au nom de « *la protection de la dignité humaine* » ! Et la liberté de pensée et de parole dans tout ça ?

Autres événements d'une toute autre importance, l'alerte générale lancée eut égard à un coronavirus (apparemment fort peu anodin) dont l'origine apparaît comme de plus en plus suspecte... et puis la guerre civile *glocale* syrienne (à la fois nationale, régionale et globale au vu de la diversité et du nombre des acteurs qui s'y trouvent impliqués jusqu'au cou... russes, américains, israéliens, irakiens, turcs, iraniens, libanais, séoudiens, qataris, français, anglais, ouïghours, tchétchènes, ouzbeks et *tutti quanti*). Conflit qui ne fait évidemment pas le poids face à Mila, jeune tribade adepte de l'ordure langagière et du blasphème, et qui n'est que la millième patte du mille-pattes médiatique et le cadet de ses soucis.

L'infox à la Française

Il était à ce propos difficile pour France Inter ce vendredi 7 février 2020 de faire totalement l'impasse sur la nouvelle tragédie qui avait failli se jouer la nuit précédente dans l'espace aérien de la République arabe syrienne. L'info se fit à ce sujet ultra minimaliste et le propos *glissando* et tout aussitôt oublié. Remarque valable pour les différentes stations du Service public. Et dire que ces *gens-là* se prétendent journalistes revendiquant haut et fort l'exclusivité d'informer en temps réel, à dire *le vrai*, à lutter bec et ongles contre l'*infox* envahissante et les rumeurs de la Toile… En réalité l'intox à haute dose ce sont eux, avec pour cause première l'ignardise, la paresse, la soumission à la doxa dominante et la servilité à l'égard de la *correction* politique !

Les faits… N'ait été la promptitude de réaction des contrôleurs aériens russes qui redirigèrent *in extremis* l'airbus A320 iranien vers la base aérienne stratégique russe de Hmeimim, un piège mortel se refermait sur les 172 passagers qui, partis de Téhéran, ralliaient Damas[3]… Parce qu'au moment

---

[3] L'Airbus en question appartient à la *Cham Wings Airlines*, compagnie aérienne syrienne qui transporta le

où leur appareil s'apprêtait à atterrir, quatre chasseurs-bombardiers israéliens F-16 lançaient une attaque sur des positions iraniennes à l'extérieure de la capitale syrienne. Or les prédateurs de Tsahal se servaient indubitablement de l'avion civil comme écran et bouclier pour conduire leur opération avec – sans la moindre équivoque – pour but second de tromper les défenses antiaériennes syriennes, lesquelles, leurrées, auraient alors pris pour cible et détruit l'appareil commercial.

Selon le porte-parole du ministère de la Défense de la Fédération de Russie, Igor Konachenkov, les chasseurs F-16 de la Force aérienne et spatiale israélienne auraient tiré huit missiles air-sol sans cependant pénétrer dans l'espace aérien syrien... Reste que « *l'utilisation par Israël d'avions civils pour se protéger des frappes de réponse de la défense aérienne syrienne, devient une méthode caractéristique de l'armée de l'air israélienne* ». Ajoutons, habituelle pour ne pas dire répétitive. Le fonctionnaire russe attirant *in fine* l'attention sur le fait que des vols réguliers de passagers en Syrie - comme partout dans le monde – se situent à des niveaux d'altitude bien connus des radars israéliens... Donc pas de faux-fuyants possibles, la cause est entendue et l'acte délibéré, établi. Pour

---

général Kassem Soleimani lors de son dernier vol vers Bagdad [france-irak-actualité.com7fév20].

notre part, il paraît difficile d'invoquer la pure coïncidence (ou *une série de hasards malheureux*, l'argument ayant déjà servi – voir infra – il est usé) assertion qui relève de l'impudence la plus blâmable. Ce qui en outre interdit de supposer que l'armée *juive* (rappelons qu'Israël en juillet 2018 s'est auto-décrété *État juif*) aurait pris un risque *calculé*... car ce serait l'exonérer à trop bon compte d'un crime calculé, c'est-à-dire prémédité, soutenu par une intention meurtrière, même si celui-ci a miraculeusement échoué.

Guerre terroriste et piraterie aérienne

Nanti d'une présomption aussi forte, insistons et admettons, *volens nolens*, que le vol civil était bel et bien voué à la destruction et que seule une chance inouïe a empêché une tragédie similaire à celle du 8 janvier derniers au-dessus de l'aéroport international de Téhéran. Rappelons que les missiles de défense anti-aérienne sont des *systèmes asservis* autonomes, à savoir des missiles couplés à des radars et à des ordinateurs, la plupart du temps sans intervention humaine. Et dans l'hypothèse exposée ici que l'on ne vienne pas nous dire que nous serions guidés ou aveuglés par une irrationnelle détestation de l'Entité hébreu qui nous ferait sombrer dans des délires complotistes sur-interprétant des faits appartenant pour l'essentiel aux aléas de la guerre... soit des risques quasi *normaux* encourus par tout acteur de conflits régionaux et/ou associé à des régimes honnis par une Communauté internationale *réduite aux acquêts*, autrement dit le quadrilatère maléfique, Washington, Tel-Aviv, Londres et Paris. Traduction : si les avions civils syriens percutent un innocent missile, la faute leur en revient, n'en parlons plus, oublions-les et passons à autre chose, car ils sont dans le mauvais camp, au mauvais endroit et au mauvais moment !

Ceux qui finalement ne veulent pas voir la réalité et se retranchent derrière ce type d'argumentaire pour s'absoudre des crimes commis en leur nom, au nom de la paix, de la libérale-démocratie universelle, se moquent évidemment du monde et de la morale parce que les précédents existent qui viennent étayer cette démonstration à charge. Que les cas de cette piraterie d'un nouveau genre se multiplient interdisant *de facto* toute hésitation ou ambiguïté… Le 17 septembre 2018 un appareil de reconnaissance Iliouchine II-20, avec quinze personnels russes à son bord, était abattu par des missiles syriens lors d'un raid israélien, les charognards de Tsahal s'étant placé dans son sillage (et sans son ombre)[4] afin de tromper la défense

---

[4] On avait également imputé le tir destructeur à une Frégate française croisant au large de la zone de combat et participant à l'opération visant des objectifs syriens (voir Rivarol n°3389 du 4 septembre 2019 p8). "Après sept ans d'une guerre hybride mondiale acharnée, la Syrie est [était déjà] en phase d'être complètement libérée de la présence terroriste, confinée à la région d'Idlib, ce qui enterrera définitivement le projet de destruction de la Syrie porté par les Etats-Unis, Israël et leurs alliés d'Europe et du Golfe " [Cf. lecridespeuples.fr19sep18].

syrienne. La déclaration du Ministère russe de la Défense avait été alors d'une *rare fermeté*, même si elle avait été ensuite tempérée par le président Poutine. Elle avait désigné Israël comme le seul responsable, se réservant « *le droit de répondre en consé*quence ». Comment dans ce cas faut-il qualifier de telles transgression de la loi et de la morale ? Une telle remise en cause des limites belligènes impliquant la mort de centaines de civils, relève évidemment du *crime de guerre* (astucieusement maquillé en accident), du terrorisme d'État (à l'instar de l'assassinat du général Soleimani), et plus précisément d'une *piraterie* d'un nouveau genre dans toute sa hideur. Mais ne parle-t-on pas désormais de guerres hybrides combinant le terrorisme, le piratage informatique, le crime recours organisé, au narcotrafic, les falsifications informationnelles et les manipulations idéologiques de grande envergure ? L'Agence américaine pour les projets de recherche avancée de Défense (DARPA) s'emploie depuis plusieurs années à développer le concept de "guerre mosaïque" (*mosaic warfare*) dont le but est de multiplier des attaques de différentes nature - du coup d'épingle au

---

Un contexte et un cadre géopolitique plus que jamais d'actualité alors que la bonne presse se lamente à grands cris sur les malheureux djihadistes aujourd'hui enfermés dans ladite poche et matraqués par l'avion de la Fédération de Russie malgré le soutien sans faille de la République islamo-kémaliste turque.

soulèvement populaire ou ethnique - qui séparément *"seraient peu décisives, mais qui, combinées et déployées simultanément ou successivement, ont pour but d'épuiser et de submerger les défenses adverses"*.

Mutations de la guerre, de ses lois et coutumes

Ce dernier épisode donne à penser quant aux mutations dégénératives de la guerre, de ses lois et de ses coutumes… L'*utilisation par Israël d'avions civils pour couvrir ses bombardements et se protéger de cette façon des tirs anti-aériens syriens, est devenue une **pratique courante** sinon banale* dit en substance le gouvernement russe. Déclaration qui apporte indirectement un nouvel éclairage à l'affaire toute récente du Boeing 737 ukrainien abattu le 8 janvier dernier par deux missiles anti-aériens tirés par les forces aérospatiales iraniennes… ceci alors qu'il revenait, immédiatement après son décollage vers sa piste d'envol. Un sévère bilan avec la mort de 179 passagers et membres d'équipage. *A posteriori* il apparaît maintenant que la probabilité soit assez forte pour que les radars iraniens aient été aveuglés et le transpondeur signalant et identifiant le vol civil, éteint[5]… Sachant que la coopération israélo-américaine est particulièrement *performante* en

---

[5] Voir *Rivarol* n°3409 du 29 janvier 2020 p.8.

matière de cyberguerre (voir le virus Stuxnet utilisé en 2010 pour paralyser les centrifugeuses iraniennes utilisées pour l'enrichissement d'uranium) !

Cette sinistre possibilité ne fait plus guère de doute après cet ultime épisode qui en dit long sur le cynisme et le mépris absolu des lois et des règlements internationaux ayant trait à la sécurité aérienne, de même que des codes de bonne conduite entre nations civilisés... bornes que personne ne se risque à franchir sauf à vouloir stupidement mettre le feu aux poudres. Mais les israéliens se plaisent, à l'évidence, à jouer avec le feu ! Ici une question se pose : jusqu'où iront des dirigeants politiques et militaires dont le sentiment d'impunité se renforce aujourd'hui de la reconnaissance par la Maison-Blanche de la souveraineté hébreu sur les Hauteurs du Golan, sur la totalité de Jérusalem, sur la vallée fertile du Jourdain, sur d'innombrables colonies de peuplement et autres invasions métastasiques en Cisjordanie occupée ? Hélas pour le peuple juif, la démesure de ses élites - une hybris mêlée de chutzpah - est assurément porteuses de nuées, or qui sème le vent s'expose à récolter de formidables bourrasques. Gageons encore, qu'après la démonstration inégalée de force et d'emprise idéologique sur les cerveaux malades de la fine fleur mondialiste qu'aura constitué la commémoration du soixante-quinzième anniversaire de l'arrivée des troupes soviétiques au camp d'Auschwitz, qu'après la signature de « l'Accord du siècle » entre MM. Trump et Netanyahou, les Likoudniki au pouvoir à Jérusalem, assurés d'un blanc-seing populaire à l'occasion des élections générale du 2 mars 2020, ne sentiront totalement désinhibés… *Tant va la cruche à l'eau*[6] !

Piraterie et bioterrorisme

Le 30 janvier 2020, le Comité d'urgence de l'Organisation mondiale de la Santé (OMS) statuait que la flambée épidémique de coronavirus constituait une *Urgence de santé publique de portée internationale* (USPPI). Officiellement 908 décès en Chine populaire. Si l'on en croit M. Guo Wengui[7], un homme d'affaires exilé aux États-Unis, mille deux cents corps seraient incinérés chaque

---

[6] Il est notoire que les incidents entre aéronefs de combat israéliens et russes sont monnaie courante dans le ciel syrien. Ainsi en décembre 2019 des Su-35 russes décollaient de la base d'Hmeimim avec la ferme intention d'intercepter des bombardiers israéliens menaçant la base T4 tripartite, russe, iranienne et syrienne, déjà attaquée le 21 novembre précédent selon *Israel Yahom*, un média proche du Premier ministre Netanyahou. Les confrontations ne sont d'ailleurs pas rares entre Russes et Israéliens : le site *National Interest rapporte* qu'en août 2019 des Su-35 avaient été accrochés par des appareils de Tsahal contraignant ensuite « les agresseurs à s'échapper de l'espace aérien syrien » ; en septembre Info-Israël, le site de *DefenseWorld,* faisait une déclaration analogue.

[7]

https://twitter.com/suricate_hrb/status/12264800007503093 7 ?s=03 jour, le nombre de morts excédant à ce jour les 50.000 pour un million et demi de personnes atteintes. Des chiffres invérifiables, mais qui n'ont en soi rien d'excessif ou d'absurde au regard des mesures draconiennes prisent par les autorités chinoises… tel le confinement de dizaine de millions de citoyens et l'instauration dans les zones critiques de mesures relevant de la loi martiale. Au passage on relèvera le mutisme obstiné du Quai d'Orsay et de la DGSE qui pourtant doivent avoir quelque idée de l'ampleur réelle de cette catastrophe sanitaire.

Maintenant il serait bon de rappeler que la crise trouve son origine, moins sur un sordide marché d'animaux de la ville de Wuhan (en Chine la barbarie la plus atroce côtoie les plus hauts sommets de la culture… nos jeunes gens qui portent des parements de fourrure sur la capuche de leur parka devraient savoir qu'elle provient de chiens écorché vifs et ébouillantés… il suffit d'aller sur la Toile pour le vérifier), que dans un acte de *piraterie ordinaire…* perpétré possiblement (mais Radio Canada [ici.radio-canada.ca] déniait le 28 janvier tout fondement à cette affaire) durant l'été 2019 par un couple de chercheurs chinois (expulsé depuis) qui auraient volé des souches de coronavirus dans le Laboratoire national de microbiologie (LNM) de Winnipeg. Plus troublant, ces deux chercheurs, le Dr. Xiangguo Qiu, virologiste de Tianjin, établie au Canada en 1996, et son mari, Keding Cheng, biologiste dans ce même laboratoire, effectuaient des recherches sur le virus de déficience immunitaire humaine, le VIH, ainsi que sur le syndrome respiratoire aigu sévère (SRAS) dont certaines protéines se retrouvent aujourd'hui dans les souches mutantes du coronavirus cause de la pandémie naissante ! Peu après leur expulsion, la chaîne CBC avait découvert que des scientifiques du LNM avaient déjà fait parvenir des souches virales d'Ébola (une fièvre hémorragiques sévissant en Afrique tropicale) et de Nipah (autre facteur de déficit respiratoire) à bord d'un vol d'Air Canada ! Le Dr Lyons-Weiler, (*Institut des connaissances pures et appliquées*) a montré et expliqué comment la séquence génétique du coronavirus – information été rendue publique par la Chine - contient un « *fragment intermédiaire* » unique codant pour un SRAS (syndrome respiratoire aigu sévère) protéine de pointe qui semble, selon son analyse génomique, avoir été insérée artificiellement dans le virus 2019-nCoV.

Il serait bon à ce propos de ne pas ignorer que l'épicentre du séisme épidémiologique se trouve dans la seule ville de Chine abritant un laboratoire virologique P4 (de sécurité maximale et situé à une trentaine de kilomètres dudit *marché de fruits de mer* incriminé), construit par le groupe Sanofi en partenariat avec la France et solennellement inauguré en janvier 2015 par le Professeur Lévy, conjoint de Mme Buzyn ci-devant actuel ministre de la Santé. Dans cette perspective on comprend mieux le souci du *Bureau des politiques scientifiques et technologiques* de la Maison Blanche (OSTP), d'identifier précisément l'origine de la pandémie, sans doute accidentelle, mais qui pourrait dévoiler des recherches illicites en matière de guerre biologique [abcnews.go.com6fév20]... recherche en principe interdite par les conventions internationales, mais que les États-Unis ne se privent pas de poursuivre discrètement (et certainement la France pionnière dans les domaines bactériologique et virologique)[8].

---

[8] La Maison-Blanche par un courrier adressé aux *National Academies of Sciences, Engineering, and Medicine*, requiert les scientifiques pour l'analyse rapide des origines du virus afin de faire face à sa propagation et à se prémunir contre de futures flambées de coronavirus.

10 février 2020 - 14 février 2020

Chine Populaire

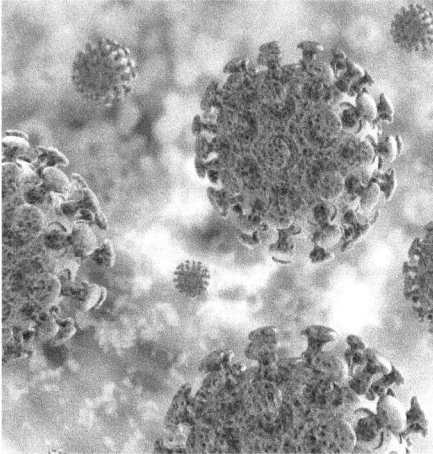

L e 11 février 2020 la version chinoise du coronavirus *2019-nCoV* - apparu initialement, rappelons-le, en Arabie en 2012 – a été officiellement rebaptisé « Covid-19 ». Le 30 janvier, l'Organisation mondiale de la Santé l'avait labellisé « *urgence de santé mondiale* ». Un estampillage qui n'avait été donné que cinq fois depuis la création de cette organisation multilatérale : deux fois pour la fièvre hémorragique Ébola, en 2009 pour la grippe H1N1, puis pour l'arbovirus Zika et la poliomyélite. Au reste en changeant de nom le coronavirus n'a pas pour autant changé de nature et le directeur général de L'Organisation mondiale de la Santé, sise à Genève, Tedros Adhanom Ghebreyesus, n'a pas hésité pas à le qualifier le jour même de « *très grave menace pour le monde* »… même si actuellement 99% des cas se sont déclarés en Chine.

Une situation dont ne peut se faire une idée qu'indirectement et de façon parcellaire à travers quelques rares témoignages et vidéos parvenant à franchir les mailles serrées de la censure d'État et le blocage hermétique des réseaux sociaux. Néanmoins les images qui nous parviennent montre des scènes impressionnantes, des visions de chaos, des suicides en direct, des cadavres jonchant les rues, des sacs mortuaires déblayés au bouteur (*bulldozer* en néo-français), les fameux hôpitaux express construits en dix jours semblables à des prisons, aux fenêtres grillagées, les portes ne s'ouvrant que de l'extérieur et ressemblant pour certains d'entre eux plus à des mouroirs collectifs qu'à autre chose, certains sans personnels soignants ni médicaments.

Une situation aux allures de déroute qui a entrainé (après la publication de statistiques révisées de contamination : 13 332 des cas supplémentaires diagnostiqués pour la seule journée du 13 février), le limogeage de Jiang Chaoliang, Secrétaire du Parti communiste chinois du Hubei, épicentre du séisme viral, remplacé par le maire de Shanghai, Ying Yong, spécialiste du maintien de l'ordre, qui s'est notamment illustré dans la répression des chrétiens[9]…

En 2020 la seule religion autorisée en Chine populaire sera celle de la soumission intégrale au Parti

L'opinion publique acceptant de moins la gestion de la crise, à la fois brutale et laxiste, s'est faite sévère après le décès le 7 février du Dr. Li Wenliang (âgé

---

[9] Les autorités chinoises ont annoncé le 30 décembre 2019 de nouvelles mesures administratives entrées en vigueur le 1er février 2020. Elles complètent et aggravent les dispositions appliquées depuis le 1er février 2018, elles réglementent la gestion des communautés de croyants dans tout le pays et à tous les niveaux… formation, rassemblements, projets à long ou à court terme, tout doit être approuvé par le Département des Affaires religieuses du PCC. Les dirigeants chrétiens doivent à ce titre une totale soumission au Parti dont ils doivent reconnaître le rôle dirigeant du Parti, adhérer et diffuser les principes qu'il édicte, la foi autorisée n'étant que celle du Parti communiste chinois » [asianews.it31déc19].

seulement de 34 ans) … Un fait venant contredire l'idée que la mort ne toucherait que les plus de cinquante ans[10] ! Celui-ci, avait donné l'alerte au tout début de l'épidémie, raison pour laquelle il avait été convoqué par la police pour une « *réprimande* » (terme légal), arrêté et accusé qu'il était de diffuser des rumeurs portant atteinte à l'ordre public. Raison pour laquelle le médecin sonneur de tocsin est devenu au fil des jours un symbole et le révélateur de la volonté des autorités d'escamoter l'ampleur du désastre tandis que les 56 millions d'habitants du Hubei avaient été de facto placés en quarantaine dès le 23 décembre 2019.

À partir de maintenant, et alors que la France regarde son nombril et se repaît de la soupe froide de l'écologisme sauce Macron, plusieurs scenarii deviennent envisageables… En premier lieu, l'épidémie de Covid-19 – ex 2019-nCoV- reste pour

---

[10] Voulant dénoncer que qu'ils considèrent une *psychose* exploitée à des fins de guerre – économique ou autre - contre la Chine, certains journalistes bien intentionnés nous serinent que ce virus n'a "rien d'extraordinaire ni de spécialement inquiétant", un banal rhume, par exemple, pouvant être provoqué par… un coronavirus. Dans la mesure où "aucune information précise n'existe sur sa transmissibilité, sa virulence, son délai d'incubation ni même, sur son origine précise… il est par conséquent beaucoup trop tôt pour s'inquiéter". Les décès n'auraient concerné que des personnes "âgées de 75 ans souffrant pour la plupart de cirrhose, de diabète et de de Parkinson". Une opinion très optimiste publiée notamment sur santenatureinnovation.com !

l'essentiel limitée à la Chine, sauf – pour l'instant - quelques cas exportés hors frontières... C'est le scénario Mers-CoV, du nom de ce premier coronavirus (*Middle East Respiratory Syndrome*) apparu en Arabie au cours du mois de juin 2012, puis au Qatar et en Jordanie. Depuis 2012, plus de 2400 malades du Mers-CoV ont été recensés dans 27 pays, huit européens dont la France), avec près de 800 décès, soit un taux de mortalité très élevé (33%)[11]. La flambée épidémique s'est rapidement éteinte, mais l'agent pathogène lui, reste toujours présent, embusqué, attendant des circonstances propices pour se réveiller. Un modèle assimilable à celui de la grippe saisonnière : le parasite attend son heure, prélève son tribut (une petite dizaine de milliers de morts lui sont attribués chaque année en France, mais cela touchant les "vieux", la chose s'est banalisée sans problème) ... Passez muscade, il disparaît au printemps quand le temps chaud et humide lui devient défavorable.

Deuxième modèle, le H1N1. En 2009, l'OMS déclare une *pandémie grippale* d'origine mexicaine avec un niveau d'alerte maximal (6 sur une échelle

---

[11] La dangerosité d'un virus est liée à trois facteurs : son coefficient de mortalité ; sa contagiosité ; son délai d'incubation. Plus il est rapidement mortel et plus sa contagiosité est limitée. Par contre, plus il est contagieux et que son temps d'incubation est long, plus il se diffuse. Le Covid-19 serait donc très contagieux et très létal à la fois, au contraire du *tueur* Ébola par exemple.

de 6). L'Organisation mondiale de la Santé dénombrera 18 500 morts pour cet incendie viral. Un feu de paille ? L'OMS est blâmé pour sa hâte excessive, notamment par la France qui a commandé 94 millions de doses de vaccin pour un montant de 869 millions d'€ et qui reste le bec dans l'eau : seules 6 millions de personnes auront été vaccinées ! Cependant en juin 2012, trois plus tard, l'OMS produit de nouveaux chiffres selon lesquels l'épidémie aurait causé de 151 700 à 575 400 décès, soit quinze fois plus qu'annoncé initialement [lemonde.fr 26juin12]. Écart qui n'est pas sans rappeler les estimations allant du simple au double (de cinquante à cent millions) pour les victimes de la grippe dite espagnole en 1918.

Le Dr. Isabelle Humbert, du Centre national pour la Recherche scientifique, se montre pour sa part assez optimiste… de son point de vue, le nouvel agent pathogène suivrait le même schéma évolutif que celui du Syndrome de déficit respiratoire aigu. En janvier 2003, le pic épidémique du SRAS était en effet atteint et commençait à se stabiliser au mois de février suivant, avant de décliner et finalement disparaître entre les mois de mars et d'avril. Selon ce chercheur, d'ici un mois ou un mois et demi (guère plus), il ne devrait plus y avoir de nouveaux cas. Le Ciel l'entende ! Un avis partagé par le président Trump et ses conseillers le 6 février, lesquels adhèrent à l'hypothèse du schéma suivi par la grippe A de type H1N1 (1918 et 2009)… *allergique* à la chaleur printanière et à l'humidité, mais en attente jusqu'au retour des premières froidures ! Tout cela étant bel et bon, sauf si bien sûr le virus a été *génétiquement* modifié voire « *militarisé* », la question n'ayant rien d'absurde et nombreux sont ceux qui se la sont posée.

Un virus artificiel produit de l'ingénierie biologique ?

Des biologistes indiens de la *Kusuma School of biological sciences* (Indian institute of technology) et de *l'Acharya Narendra Dev College* (University of Delhi) ont, semble-t-il, le 31 janvier 2020 publié une étude établissant que le génome du Covid-19 est en gros très similaire aux autres coronavirus déjà connus. Mais cette étude montre également que le génome du virus contiendrait quatre *inserts*, à savoir des protéines du virus HIV-1 (Sida). *"Trois inserts encodent la glycoprotéine de surface gp120 et le quatrième encode la protéine Gag. Ces deux protéines permettent respectivement l'accrochage sur la cible et l'assemblage du virus du sida HIV-1"*. Il s'agirait là d'une *évolution non-conventionnelle*, à telle enseigne que les scientifiques indiens se demandent par quel tour de passe-passe (ou miracle) un coronavirus aurait pu acquérir naturellement de tels *inserts* en provenance d'un autre virus... Ou bien alors, le Covid-19 (alias 2019-nCoV) serait une *chimère*, créée en laboratoire, combinant habilement et sournoisement un coronavirus plus ou moins banal de chiroptère (la roussette) avec des protéines clefs du virus HIV-1" [voir... medias-presse.info6fév20].

Dr. Eric Feigl-Ding
@DrEricDing

Replying to @DrEricDing

22. The authors dunked this final conclusion: "This uncanny similarity of novel inserts in the 2019- nCoV spike protein to HIV-1 gp120 and Gag is unlikely to be fortuitous". Wow, they sure just went straight there! 😳 What a bold paper... I don't know what to say 😰

Cold
Spring
Harbor
Laboratory
CSH

bioRχiv

THE PREPRINT SERVER FOR BIOLOGY

HOME | ABOUT | SUBMIT | ALERTS / RSS
| CHANNELS

Search

Advanced Search

New Results

Comment on this paper

Uncanny similarity of unique inserts in the 2019-nCoV spike protein to HIV-1 gp120 and Gag

Prashant Pradhan, Ashutosh Kumar Pandey, Akhilesh Mishra,

♡ 791 7:52 PM - Jan 31, 2020 ⓘ

♡ 544 people are talking about this ›

Notons que l'analyse *prépubliée* le 31 janvier n'est plus aujourd'hui accessible.

Soit il s'agissait d'un faux, soit l'information était à ce point *indésirable* qu'il convenait de l'effacer d'urgence.

Nos compétences ne nous permettent pas de vérifier l'une ou l'autre possibilité.

Néanmoins, dans le prolongement de cette thèse désobligeante, le Dr Francis Boyle, professeur de droit international à l'Université de *l'Illinois*

College of Law, l'homme qui rédigé le texte transposant en droit américain la "Convention internationale relative aux armes biologiques", (*Loi sur la lutte contre le terrorisme des armes biologiques* promulguée par le président George HW Bush en 1989), a pu déclarer de manière assez tonitruante dans un entretien accordé à « *Geopolitics and Empire* »[12] que le coronavirus de Wuhan 2019 est/serait une arme de guerre biologique offensive bio-ingéniérée et non un produit déviant de la marâtre nature… que l'Organisation mondiale de la santé le sachant n'oserait le dire [aphadolie.com6fév20]. Vraie ou fausse, une interrogation légitime à n'en pas douter… Sans oublier que ce type d'armes de destruction massive, biologique ou chimique, est toujours à double tranchant.

« *Une très grave menace pour le monde* »

Quoi qu'il en soit, le 13 février, la Chine avouait 1.355 morts et 60.000 personnes contaminées. Le lendemain le 14, la Commission nationale de la santé, annonçait 121 nouveaux décès durant les dernières 24 heures. Simultanément elle retranchait 108 morts du bilan national, justifiant cette correction par des "*doublons*" ! Des oscillations

---

12

https://www.youtube.com/watch ?time_continue=2&v=Tsyuj jitOFM statistiques qui pourraient cacher un certain désarroi ou pour le moins une incapacité à accorder les divers violons de la propagande… Sachant que les régimes démocratiques en général (le nuage de Tchernobyl en position stationnaire sur la Ligne bleue des Vosges), et les démocraties populaires en particulier, ont érigé structurellement le mensonge statistique en principe politique, sans doute, en ce cas, faudrait-il multiplier ces chiffres par 10 ?

« *Chaque jour partout dans le monde, des cas de contamination sont découverts[13]. L'inquiétude grandit* » titrait Le Figaro qui pourtant ne semble pas jusqu'ici sacrifier à un délire catastrophiste néfaste pour l'économie européenne et vecteur de ralentissement pour la croissance… même si l'on fanfaronne à Paris qu'une réduction du chômage est intervenue ces derniers mois (au demeurant située dans la moyenne basse de l'Union)… L'OMS, prudente et bien équipée en algorithmes de simulation, avait averti trois jours plus tôt que le ralentissement des contaminations était peut-être un trompe-l'œil alors que la pandémie venait

---

[13] Au Vietnam, une commune de 10 000 habitants près de Hanoi est placée en quarantaine… 44 nouveaux cas positifs au coronavirus sont apparus à bord du paquebot de croisière *Diamond Princess* en quarantaine au Japon, ce qui porte à 218 le nombre total de passagers et membres d'équipage, ayant été infectés, sur quelque 3700 personnes.

d'atteindre Pékin… placée *sous contrôle*[14] en sus des quelque quatre-vingt villes de plusieurs millions d'habitants déjà mises en quarantaine… 400 millions de personnes seraient concernées[15] !

Menace d'autant plus grave que la Chine « *fabrique ouvertement des chiffres* » avons-nous dit, qu'elle corrompt des données pourtant essentielles si l'*on* veut prévenir ou enrayer, dans un esprit de coopération international, une éventuelle catastrophe à échelle planétaire… Des graphiques[16] publiés il y a quelques jours sont à ce sujet aussi inquiétants qu'impressionnants… Ainsi, avant le 10

---

[14] Une discrète quarantaine : « Les personnes ayant quitté la zone épidémique ou ayant des contacts physiques avec des personnes s'étant trouvé dans la zone épidémique dans les 14 jours suivant leur arrivée à Pékin, doivent être inspectées ou mises en quarantaine à leur domicile. Ils doivent prendre l'initiative de signaler leur état de santé et coopérer avec les services de gestion concernés. Ils ne doivent pas sortir. Tout refus d'accepter ces mesures constitue une violation de la sécurité publique et est sévèrement punie conformément à la loi. Tous les lieux publics de la communauté de Pékin non essentiels, sont fermés ».

[15] 7 février -
youtube.com/watch ?v=gfiezX0IWLc&feature=youtu.be

[16] https://www.aubedigitale.com/la-pointe-de-liceberg-le-directeur-de-loms-met-en-garde-contre-une-transmission-plus-repandue-alors-que-le-nombre-de-deces-dus-au-virus-depasse-les-900-et-que-pekin-est-partiellement-en-qua/

février, le nombre de personnes recevant des soins médicaux s'était mystérieusement stabilisé autour de 190 000 après avoir augmenté jusque-là de 15 000 à 20 000 par jour ! Idem à propos du nombre de cas suspects, lesquels, après avoir augmenté régulièrement d'environ 1000 à 2000 au cours des deux dernières semaines, s'était effondré de plus de 5000 en une nuit, entraînant une forte baisse du nombre total de cas suspects de 28 942 à 23 589[17]. À première vue, c'eut été une formidable nouvelle si celle-ci ne violait pas toutes les connaissances disponibles relatives à l'épidémiologie virale… Or à présent les chiffres s'envolent au motif que les critères de comptabilisation auraient été modifiés ! Toutes choses qui par voie de conséquence confirme sans véritable surprise, l'*agressivité* avec laquelle la Chine falsifie ses données [cf. aubedigitale.com10fév20]. On comprend alors mieux les paroles – au demeurant fort peu sibyllines - du directeur général de l'OMS émettant la sinistre hypothèse que « *nous ne pourrions peut-être voir que la partie émergée de l'iceberg !* ».

---

[17] Signaler à propos d'une information généralement tronquée ou truquée, que le groupe chinois Tencent aurait, au début du mois, divulgué accidentellement des statistiques aussi réalistes qu'alarmantes quant au nombre de décès : 24 589 au lieu 300 officiellement à cette date [taiwannews.com5février].

Déjà le 31 janvier The Lancet[18], revue scientifique faisant autorité, nous expliquait que "si la transmissibilité de 2019-nCoV était similaire partout en Chine et sur la durée, nous pouvons en déduire que l'épidémie croît de façon exponentielle dans plusieurs grandes villes de Chine (avec un retard par rapport à l'épidémie de Wuhan d'environ une à deux semaines). Dès lors les grandes villes d'outre-mer en liaison étroite avec la Chine pourraient à leur tour devenir autant d'épicentres de la pandémie en l'absence de politiques énergiques (de santé publique) à grande échelle. À ce titre des plans d'interventions d'atténuation [amortir le choc en quelque sorte] doivent être conçus et mis en œuvre pour un déploiement rapide à l'échelle mondiale".

Une épidémie apparemment « prévue »

Depuis un certain temps, certains prévisionnistes n'ont pas manqué de se montrer alarmistes. Ainsi Eric Toner de l'Université Johns-Hopkins à Baltimore. L'an passé il avait réalisé construit un modèle prospectif de la propagation à échelle planétaire d'un coronavirus. Suivant ses calculs, au bout de dix-huit mois, celui-ci avait décimé (sur ses écrans d'ordinateur), 65 millions de personnes !

18

https://www.thelancet.com/journals/lancet/article/PIIS0140-6736(20)30260-9/fulltext

Une projection reprise en partenariat avec le *Johns Hopkins Center for Health Security* et la *Bill & Melinda Gates Foundation*, dans les débats et les réflexions du Forum de Davos réuni le 18 octobre 2019 à New York, soit trois mois avant le déclenchement de la crise sanitaire de Wuhan, [centerforhealthsecurity.org/event201].

En France, par une coïncidence du même ordre, un projet de loi de La République en Marche faisait son apparition le 5 décembre, trois jours avant le début officiel de l'épidémie, le 8 décembre 2019. Ce texte comprend un ensemble de dispositions utiles à juguler une crise épidémique, prévoyant notamment le « *maintien à domicile* » imposé (article 6 – comme à Pékin aujourd'hui), ou encore des « *mesures exceptionnelles d'isolement contraint* » (article 7). Sans risque d'erreur l'on peut dire que ce projet de loi reflète les conclusions non rendues publiques de Davos afin de « *préparer les chefs d'État et de gouvernement à une épidémie mondiale* ».

Vulnérabilité de l'Afrique noire

Maintenant ce qui vaut pour les pays industrialisés ne vaut évidemment pas pour les nations en (voie de) développement. Très près de nous, selon équipe dirigée par Vittoria Colizza (Institut Pierre-Louis - Inserm), l'Algérie figure au premier rang des pays africains – avec l'Égypte et l'Afrique du Sud - parmi les plus potentiellement menacés [lemonde.fr10fév], en raison de l'implication chinoise dans son économie. Les données statistiques récentes n'étant pas accessibles, en 2009 on estimait à plus de 800 000 du nombre de Chinois présents en Afrique. On peut imaginer sans peine que ce chiffre a décuplé au cours des dix dernières années d'autant que les 10 000 entreprises (2017) répertoriées en Afrique importent leur propre main-d'œuvre nationale (on comptait en 2009, environ 400 000 Chinois en France, 600 000 au Japon, 900 000 au Canada…). « Égypte, Algérie et Afrique du Sud présentent une aptitude à *répondre* à l'épidémie sur un gradient allant de *modéré* à *élevé* : l'Égypte aurait un index capacitaire de 87 sur 100 et un index de vulnérabilité de 53 ; l'Algérie 76 en capacité et 49 en vulnérabilité, enfin l'Afrique du Sud 62 en réactivité et 69 en vulnérabilité de ». Pas de quoi être cependant tout à fait rassuré quant aux moyens logistiques et humains de l'Afrique sub-saharienne à faire face à une pandémie agressive… sans cependant ignorer pour autant que la rougeole a tué l'an dernier, environ 150 000 enfants à travers le monde, notamment en Afrique, sans que cela émeuve plus que cela. Mais comparons ce qui est comparable.

Le 10 janvier 2000, à New York, le Conseil de Sécurité des nations Unies se penchait sur une question cruciale : « L'impact du sida sur la paix et la sécurité en Afrique ». Il en ressortira plusieurs résolutions , en particulier l'article 90 de la Résolution de la session spéciale de l'Assemblée générale des Nations unies du 27 juin 2001 appelant à la création d'un « fonds mondial santé et VIH-sida afin de financer une réponse urgente à l'épidémie selon une approche intégrée de prévention, de prise en charge, de soutien et de traitement, afin d'appuyer les États dans leurs efforts contre le sida, avec une priorité donnée aux pays les plus touchés, notamment en Afrique subsaharienne et dans les Caraïbes ». Resterait à savoir quel a été l'impact de ces mesures sur la diffusion réel du fléau ? Partant de là, une telle structure pourrait-elle être activée et développée dans l'urgence pour bloquer la propagation du Covid-19 dans le *ventre mou* (au plan de la santé) que constitue le Continent Africain ? Seule l'épreuve des faits pourrait apporter une réponse à cette lancinante interrogation !

Ralentissement économique global

Des études récentes prévoient que les pandémies (ici apparemment tenues pour inéluctables) détermineront dans les années qui viennent un manque-à-gagner de 0,7% du PIB mondial, 570 milliers de dollars. D'où l'évidente nécessité d'une coopération entre les gouvernements, les grandes Institutions internationales si l'on veut prévenir les conséquences catastrophiques pouvant découler d'une pandémie à grande échelle[19]. Reste que la Chine étant à l'heure actuelle *l'usine du monde*, et

---

[19] https://www.weforum.org/press/2019/01/risks-to-global-businesses-from-new-era-of-epidemics-rival-climate-change/

la région de Wuhan aujourd'hui paralysée, une zone où se concentrent des industries du numérique, de l'automobile et de l'optique, l'arrêt de l'activité industrielle dans le Nouvel Empire du milieu, commence à retentir sur une économie mondialisée. En raison, entre autres, de la folle et étroite interdépendance existant entre des acteurs économiques fonctionnant à "flux tendus", c'est-à-dire sans réserve de pièces, de composants ni de produits finis. Situation qui va bientôt (si la crise se prolonge) se faire durement sentir avec la rupture des chaînes d'approvisionnement… avec pour résultat final un ralentissement prévisible de l'activité économique européenne. Certes le prix des hydrocarbures à la pompe commence à baisser, mais il est le signe avant-coureur du ralentissement économique en cours, les monstrueuses flottes de porte-containeurs ne sillonnant plus (ou presque) les Océans. Nous ne dirons pas pour autant que le mondialisme agonise, en tout cas la situation présente montre son inquiétant degré de vulnérabilité.

Laissons à l'économiste Marc Rousset le soin de conclure sur ce chapitre [bdv10fev20] : « *En fait, personne n'est actuellement en mesure d'évaluer la gravité de l'épidémie, et encore moins ses effets à venir sur l'économie et les Bourses mondiales. Une seule pièce chinoise manquante pour un sous-traitant quelque part dans le monde et cela peut mettre à l'arrêt une chaîne entière de production en Europe ou aux États-Unis. La seule chose de certaine, c'est que le PIB chinois représente 16% du*

PIB mondial, que la croissance chinoise était l'un des principaux moteurs de l'économie mondiale. Si elle vacille, une récession est probable, avec une onde de choc qui se propagera dans le monde entier et des banques centrales (Chine incluse) qui émettront de plus en plus de monnaie de singe pour la contrecarrer ».

14 février 2020 - 16 mars 2020

SRAS-CoV-2... Finie la teuf

La fête est finie. Jean de La Fontaine nous l'avait bien dit « *Vous chantiez ? j'en suis fort aise. Eh bien ! dansez maintenant* ». Oui, nous devons déchanter. *Retour au réel* et chute lourde sur le plancher des vaches. Le confinement général est assurément pour bientôt. Tout cela n'est guère réjouissant mais nous devions bien nous y attendre, à force de trop tirer sur la corde celle-ci devait bien finir par se rompre. Nous attendions le *Big One*, le grand séisme financier. L'effondrement prévisible, non pas de Los Angeles se disloquant au-dessus de la faille de San Andreas à la jonction des plaques tectoniques pacifique et nord-américaine, mais l'éclatement de la bulle de dimension cosmique de la dette mondiale (192 000 milliards d'euros), que nous annonce avec constance l'économiste David Rousset... Une catastrophe qui pourrait néanmoins bien survenir à l'occasion de l'actuelle pandémie, laquelle est apparemment en train de gripper le moteur économique planétaire : les méga-flottes de porte-conteneurs n'ont-ils pas cessé leur affolante et ultra polluante circumnavigation pour déverser sur le Vieux Monde (l'Europe) et le Nouveau (l'Amérique) leur pacotille, leurs aliments frelatés, leurs cotonnades imbibées de pesticides et leur électronique à obsolescence programmée. Ainsi donc, tout comme les trains, une crise peut en cacher une autre, aussi ce que nous vivons et allons vivre dans les semaines – voire dans les mois – qui viennent sera peut-être, possiblement, une cascade d'épreuves plus rudes les unes que les autres.

En espérant que nous n'aurons pas, en sus, une nouvelle guerre à nos portes, comme par exemple entre la Turquie de l'islamo-kémaliste Erdogan et la Grèce plus ou moins abandonnée de ses partenaires européens face à l'ogre du Bosphore... lequel se venge de ces déconvenues sur le front Syrien – M. Poutine ayant mis le holà à ses velléités de conquête territoriale au nord du Pays de Cham – en faisant chanter l'Union de cette inepte Mme van der Leyen... Puisque, pour l'heure, le nouveau sultan fait monter les enchères et exige de se voir octroyer quelques milliards d'euros supplémentaires afin, soi-disant, de contenir les rebelles syriens ayant fui leur pays où, rappelons-le, ils ont allumé la guerre... certes il est vrai, avec l'aide assidue et perfide de la troïka américano-anglo-française (+ Israël).

En fait, dans le but de calmer ses ardeurs bellicistes et de garder par devers lui les Afghans, les Algériens, Tunisiens, Sénégalais, Camerounais qui se pressent à la frontière grecque avec l'appui de la police et de l'armée turques. Autre sujet d'inquiétude, les troupes américaines qui n'entendent pas décrocher d'Irak – malgré le vœu unanime de toutes forces politiques représentatives, chiites comme sunnites – et bombardent allégrement les bases des milices irakiennes pro-iraniennes[20]… mais également le nouvel aéroport civil de la ville sainte de Kerbela ! À Beyrouth, Hassan Nasrallah, chef charismatique du Parti de Dieu, le Hezbollah, fustigeait aussitôt le Grand Satan de Washington et appelait à de dures représailles dans un discours s'éloignant de plus en plus de l'habituel lyrisme déclamatoire propre au monde musulman. Là encore les choses sont très loin d'être revenues à la normale même si M. Netanyahou vient, ce 15 mars, tandis que son procès pour corruption a été reporté de deux mois et que le pays se calfeutre face à la menace coronavirale - d'être écarté par le président hébreu Reuven Rivlin qui a finalement demandé à son rival, le président du parti « Bleu-Blanc » Benny Gantz, de former le nouveau gouvernement d'union nationale dès lors qu'il a obtenu le soutien présomptif des quinze députés palestiniens de la Knesset.

---

[20] Vingt-quatre heures après la mort de trois militaires (deux Américains et une britannique), le 11 mars 2020, sur la base américaine de Taji, au nord de Bagdad, le Pentagone a lancé des raids aériens en principe sur des dépôts d'armes du Kataeb Hezbollah, milice arabe pro-iranienne, causant la mort de cinq membres des forces irakiennes, un civil, et au moins 26 paramilitaires. Définies comme » *défensives, proportionnelles et précises* » par la porte-parole du Pentagone, ces frappes sont censées constituer « *une réponse directe à la menace présentée par la milice pro-iranienne* ».

L'effet d'aubaine

Reste que chez nous, la crise du covid-19, peut, à n'en pas douter représenter une sorte de *jack pot* pour la clique dirigeante en plein désarroi jusqu'au jour d'aujourd'hui… pataugeant dans sa réforme du système de retraite en dépit du recours au forceps du 49-3 (une privatisation à peine masquée et une aubaine pour les *fonds* dits de *pension*), tenaillé par l'inépuisable fronde des Gilets Jaunes, vidé par l'impressionnante hémorragie des cadres de *La République En Marche* (parlementaires, conseillers…) et le discrédit dans lequel s'enfonce un peu plus chaque jour un gouvernement inapte (hostile plutôt qu'incapable) à gouverner le Pays dans le sens de des intérêts réels de sa population (à commencer par les aborigènes, les autochtones de souches), à long terme, et qui s'entoure d'un brouillard de mots uniquement susceptibles d'abuser ou d'enjôler ceux qui font un usage immodéré de l'œil de bœuf télévisuel. On l'a encore constaté avec les vingt-six minutes du blabla circulaire - une pénible et prétentieuse jactance - relatif à la crise sanitaire grâce, à propos de laquelle le père auto-proclamé de la Nation, prétendait apprendre à 67 millions de titulaires de la citoyenneté française, de quelle manière se laver les mains… Impressionnant !

Bref, "*à toute chose malheur pouvant être bon*", l'actuelle pandémie, est un formidable instrument permettant de mesurer la capacité d'obéissance (ce qui a peu à voir avec le civisme *pro forma* ou la discipline consentie) des populations indépendamment à des dispositifs aussi nécessaires qu'utiles à ralentir la diffusion du mal… le seul vrai problème n'étant pas la maladie elle-même - les Anglais pour leur part ayant fait le choix audacieux de la laisser se diffuser en attendant son extinction naturelle par auto-immunisation des populations - mais, en France, les capacités hospitalières insuffisantes (et déjà dépassées) destinées à faire face à ce type de situation : soit 5.500 lits en réanimation pour la totalité de la métropole. Et, pour le pouvoir, un moyen de sonder grandeur nature, à l'occasion du premier tour des élections municipales de tester la résilience (on le sait maintenant, quasi inexistante) du parti présidentiel. Ce qui, par voie de conséquence, devrait conduire à l'ajournement - si possible – d'un second tour appelé à consacrer cette débandade… Notons que toutes les astuces auront été bonnes pour masquer la faillite gouvernementale : ainsi la neutralisation des listes, c'est-à-dire la suppression des étiquettes politiques pour les villes de moins de 9000 habitants, autrement dit pour 96% des communes françaises qui ne seront plus comptabilisées dans les résultats nationaux. Un pouvoir réputé démocratique mais qui ne peut prétendre qu'à une indécente majorité à l'Assemblée nationale (alors qu'il ne représente, en réalité, que 12 ou 13% du corps électoral formés par les *inscrits*). On voit bien par le biais de quelle arithmétique délétère s'établissent nos gouvernements légitimés par un principe majoritaire vicié en son principe. Mais qui trouve à y redire ?

Je suis juste là pour faire de Paris la plus grande poubelle de France

Le divin hasard

Le 24 janvier, Agnès Buzyn, ministre de la Santé (dont le mari, Yves Lévy, directeur de l'Inserm, a inauguré en février 2017 le laboratoire P4 de Wuhan, premier en son genre en Asie, dans une mégapole qui deviendra en décembre dernier l'épicentre du séisme pandémique… centre justement spécialisé dans la recherche sur les coronavirus. Quel hasard !) avant qu'elle ne déserte son poste en pleine bataille (on se souviendra par comparaison de Jean-Pierre Chevènement, ministre de la Défense en février 1991, hostile à l'engagement de la France contre l'Irak, qui attendra la fin des hostilité pour démissionner), ceci pour mieux aller se faire battre piteusement, en rase campagne électorale, par la transpyrénéenne Hidalgo… Mère de tous les surmulots de la capitale, des catacombes et des égouts de Paris réunis… Agnès Buzyn déclarait donc que le « *risque d'importation depuis Wuhan est modéré. Il est maintenant pratiquement nul* ». Déclaration qui donne la pleine mesure de la compétence avérée de nos élites dirigeantes !

Dans ces conditions et circonstances, comment ne pas voir que le discours présidentiel du 10 mars – relatif à la crise du Covid-19 – n'a été qu'une pathétique tentative de récupération politicienne d'une situation hélas véritablement dramatique, spécifiquement en tentant d'apparaître comme l'*homme providentiel*, celui qui tient fermement en main les rênes de l'État *en situation* (aurait pu dire Jean-Paul Sartre) de guerre... usant en cela, en vue d'obtenir l'adhésion sans réserve des foules, de la puissance cathartique de la peur (autrement dit, l'angoisse comme catalyseur émotionnel) ! Ceci en se parant (ou sous couvert) de la haute autorité d'un Comité scientifique à la composition brumeuse et auquel participerait parmi une flopée de « *héros en blouses blanches* » une sociologue (!) et une anthropologue (! !), dont ne voit pas quelle compétence ces deux augustes personnes pourraient avoir en matière d'épidémiologie ? Toutefois, on sait que de nos jours, la science, en certains et nombreux domaines – tels le réchauffement climatique, la transition énergétique, les origines de l'humanité, la diversité anthropologique, etc. - n'est qu'une annexe de l'idéologie progressiste/égalitariste/messianique, un efficace vecteur de propagande et un imparable moyen d'abrutissement des peuples... *Aristoteles dixit* ! Sauf que les Buzyn (celle-ci ayant été bru de Simone Veil) & Cie, n'ont pas grand-chose de commun avec l'une des sources majeures de la sapience occidentale et du thomisme en particulier !

Nous devrions en fin de comptes, plutôt que les commissaires politiques abonnés aux plateaux de LCI ou de CNews, écouter davantage et entendre le professeur Philippe Ravaud, directeur du Centre de Recherche Épidémiologie et Statistique (CRESS-UMR1153) à l'Université Paris IV René Descartes, et du Centre d'épidémiologie clinique de l'Hôtel-Dieu... *« Comme vous le savez, l'évolution de l'épidémie de COVID est particulièrement inquiétante. Les nouvelles données de modélisation sont très robustes et les projections sont parfaitement cohérentes et bien pires encore que nos scénarios les plus pessimistes. Il est devenu déraisonnable de prendre les transports publics et nos déplacements doivent être réduits au strict minimum. Le télétravail et l'annulation de toute réunion est obligatoire. Le confinement est donc la règle sauf pour ceux dont la présence physique au travail est indispensable. L'hypothèse actuelle est qu'en l'absence de confinement, 30 millions de personnes seront atteintes en France avec un pic dans 50 jours. Seule une mobilisation citoyenne massive (avec au moins 50% de l'ensemble de la population française en confinement strict à très court terme) permettra de réduire le pic de l'épidémie. Les Chinois ont réussi ce confinement drastique mais leurs décisions ont été plus précoces et plus autoritaires. Il est de notre responsabilité d'acteurs de santé publique de : 1) respecter ce confinement, 2) de faire prendre conscience à nos proches de cette impérieuse nécessité, 3) de porter ce message au quotidien (distance de sécurité, etc.) car nos compatriotes n'ont pas encore compris la gravité de la situation. Le système de santé sera bien sûr extrêmement sollicité et ne peut qu'être très largement débordé, ce qui est déjà le cas dans le grand Est. Les messages selon lesquels seules les personnes âgées et ou ayant des comorbidités sévères ont des syndromes de détresse respiratoire sont faux... Nous partons sur une durée de crise en mois et d'une gravité sans précédent. ».* Eh oui ! La morbidité frappe toutes les classes d'âge et le risque de mortalité aussi. Pensons à nos jeunes – un 1,4 millions de consommateurs réguliers dont 700 000 quotidiens – dont les voies aériennes supérieures sont déjà plus ou moins gravement hypothéquées par un usage régulier du cannabis ?

À ce rythme, sans doute faudra-t-il bientôt, nous aussi, pays en voie de sous-développement accéléré, aux hôpitaux naufragés (portes fermées en zones rurales, personnels surmenés et sous-payés), imiter l'Italie qui maintenant reçoit des secours d'urgence et des matériels en provenance de Chine populaire… masques, respirateurs et *tutti quanti* ?

16 mars 2020 - 23 mars 2020

SRAS-CoV-2... La galère ivre !

Nous sommes en guerre ? Oui, mais contre qui, contre quoi exactement ? Contre l'imprévoyance d'une classe politique incapable de prendre les bonnes décisions au moment opportun, c'est-à-dire *"à temps"*, parce que *gouverner c'est prévoir* ? N'oublions pas que la crise n'est pas tant celle d'une attaque virale dévastatrice que celle d'un système général de santé déficient, c'est-à-dire non préparé à encaisser l'actuel choc septique... insuffisamment équipé, en état chronique de quasi abandon par les pouvoirs publics (bronca des services d'urgence, des personnels paramédicaux, des internes...) et aujourd'hui menacé de **saturation** avec pour conséquence de délivrer les soins en proportion du potentiel vital réel ou supposé des patients... Dans ce cas la préférence ethnique jouera à plein, le jeune fumeur et dealer de *shit* passera, c'est inéluctable, avant le *vieil homme blanc* voué à connaître les affres solitaires d'une agonie par asphyxie. Là se situe le vrai problème et nulle part ailleurs ! Or si une loi d'Urgence sanitaire a pu être votée et des mesures de quarantaine absolue réclamée par le Conseil d'État, cela n'est dû qu'à l'impréparation criminelle dont les gens qui prétendent nous gouverner ce sont rendus responsables... et coupables !

Ajoutons qu'en outre de nombres zones d'ombre opacifient le tableau. Pourquoi l'Italie est-elle si durement touchée et pas la Turquie ? Comment le SRAS-Cov-2 est-il parvenu en Iran en sautant par-dessus de la barrière de l'Hindou Koush ? Pourquoi l'Afrique est-elle – pour le moment – indemne ? La transparence affichée masque-t-elle autre chose ? Faut-il supposer qu'il existerait des souches virales plus létales que d'autres ou que les capacités de mutation de l'agent pathogène aient été minimisées ? Parce qu'on sait désormais que toutes les classes d'âges sont susceptibles de contracter la maladie (à l'exception des très jeunes), les taux de mortalité allant de 1 à 3 selon l'âge et la vulnérabilité. Voir à ce propos ce qu'en dit le prof Didier Raoult, Directeur de l'IHU "Méditerranée Infection", expert en la matière et plutôt rassurant, pour lequel ce Coronavirus ne provoquerait « *pas d'amplification* [significative] *de la mortalité générale en France* »[21]. De ce point de vue les mesures draconiennes de *confinement* mises en place ne seraient pas destinées à empêcher une contamination générale (apparemment inéluctable

---

[21] Coronavirus, analyse des données épidémiques dans le monde : diagnostiquer doit être la priorité 17 mars 2020
669 476 vues -
youtube.com/watch ?time_continue=275&v=K7g4WKoS_6
U&feature=emb_logo

pour une grande partie de la population), mais simplement à la ralentir afin de ménager autant que possible les capacités d'absorption de nos services de soins intensifs.

Or, alors que le président et le gouvernement bondissent vers le haut dans les sondages, l'opinion ne voit pas que les dispositions de quarantaine si dommageable au plan économique ne font que pallier des carences récentes et anciennes, en un mot, l'impéritie crasse de nos dirigeants en matière de sécurité sanitaire, ceci depuis au moins une bonne décennie. Et puis surtout cessons de parler à leur endroit de légèreté voire d'incompétence : l'absence de planification stratégique en ce domaine n'est nullement dû à de simples défaillances humaines – insuffisance intellectuelle ou défaut d'information – mais à des politiques délibérées, pensées, préméditées.

Paru en France en février 2009, un rapport de la CIA relatif à l'état du monde en 2025 comporte un *encadré* relatif au « *Déclenchement possible d'une pandémie mondiale* [soit] *l'apparition d'une nouvelle maladie respiratoire humaine virulente, extrêmement contagieuse* », suivant un déroulé similaire à celui de la crise actuelle... » *Si une maladie pandémique se déclare, ce sera sans doute dans une zone à forte densité de population, de grande proximité entre humains et animaux, comme il en existe en Chine et dans le Sud-Est asiatique où les populations vivent au contact du bétail* ». Hypothèse qui en soi n'a rien de très visionnaire, la

Chine ayant été de tout temps historique la source des pandémies qui ravagèrent l'Occident à intervalles réguliers. Une prédiction – mais ce ne fut pas la seule[22] – qui se réalise sous nos yeux en ce moment même. Un risque tangible (concret, bien identifié) qui eut dû depuis des années alerter et mobiliser les autorités compétentes surtout au regard des précédents et des antécédents récents. Un risque d'autant plus grand que l'intrication des systèmes étatiques dans le contexte de la mondialisation, la multiplication des échanges et la dépendance économique induite, rendait cette possibilité chaque jour moins improbable.

---

[22] En mai 1981, Dean Koontz (alias Leigh Nichols) publiait aux États-Unis « The eyes of darkness », roman d'anticipation décrivant une pandémie de pneumopathies létales se développant en 2020 prenant sa source précisément à Wuhan !

Présenté par

ALEXANDRE ADLER

LE NOUVEAU RAPPORT
DE LA
CIA

Comment sera le monde
de demain ?

POCKET

Rapport présenté par Alexandre Adler, un émule au petit
pied du gourou Jacques Attali

Le déclenchement possible
d'une pandémie mondiale

L'apparition d'une nouvelle maladie respiratoire humaine virulente, extrêmement contagieuse, pour laquelle il n'existe pas de traitement adéquat, pourrait déclencher une pandémie mondiale. Si une telle maladie apparaît, d'ici à 2025, des tensions et des conflits internes ou transfrontaliers ne manqueront pas d'éclater. En effet, les nations s'efforceront alors – avec des capacités insuffisantes – de contrôler les mouvements des populations cherchant à éviter l'infection ou de préserver leur accès aux ressources naturelles.

L'apparition d'une pandémie dépend de la mutation génétique naturelle, de la recombinaison de souches virales déjà en circulation ou encore de l'irruption d'un nouveau facteur pathogène dans la population humaine. Les experts voient dans les souches hautement pathogènes de la grippe aviaire telles que le H5N1 des candidats probables à ce type de transformation, mais d'autres agents pathogènes, comme le coronavirus du SRAS et diverses souches de la grippe, auraient les mêmes propriétés.

Si une maladie pandémique se déclare, ce sera sans doute dans une zone à forte densité de population, de grande proximité entre humains et animaux, comme il en existe en Chine et dans le Sud-Est asiatique où les populations vivent au contact du bétail. Des pratiques d'élevage non réglementées favoriseraient la circulation d'un virus comme le H5N1 parmi les populations animales – augmentant les chances de mutation d'une souche susceptible de provoquer une pandémie. Pour se propager rapidement, il suffit que la maladie apparaisse dans des régions à forte densité humaine.

Dans un tel scénario, la maladie tarderait à être identifiée si le pays d'origine ne disposait pas des moyens adéquats pour la détecter. Il faudrait des semaines pour que les laboratoires fournissent des résultats définitifs confirmant l'existence d'une maladie risquant de muter en pandémie. Entre-temps, des foyers se déclareraient dans des villes du Sud-Est asiatique. En dépit de restrictions limitant les déplacements internationaux, des voyageurs présentant peu ou pas de symptômes pourraient transporter le virus sur les autres continents.

Les malades seraient de plus en plus nombreux, de nouveaux cas apparaissant tous les mois. L'absence d'un vaccin efficace ou d'immunité dans le reste du monde exposerait les populations à la contagion[1]. Dans le pire des cas, ce sont de dix à plusieurs centaines de millions d'Occidentaux qui contracteraient la maladie, et les morts se compteraient par dizaines de millions[2]. Dans le reste du monde, la dégradation des infrastructures vitales et les pertes économiques à l'échelle mondiale entraîneraient l'infection d'un tiers de la population du globe et la mort de centaines de millions d'êtres humains.

---

[1]. Des centres de recherches, aux États-Unis et dans le monde entier, travaillent à la mise au point de vaccins capables de prévenir ou de limiter les pandémies de grippe. Un résultat positif dans les prochaines années réduirait le risque que représente une telle pandémie pour les décennies à venir.

[2]. La vitesse de propagation de la maladie, le nombre de malades, la durée de leur maladie, le taux de mortalité, les symptômes et les séquelles de l'infection varieront en fonction des caractères spécifiques du facteur pathogène responsable de la pandémie. Ce scénario repose sur des caractéristiques plausibles et compatibles avec ces variables.

Un peu plus tard, le 3 mai la même année, Jacques Attali, conseiller écouté de tous nos présidents de Mitterrand à Macron (dont il fut l'un des parrains en politique), nous faisait part de ses fantasmes et de ses espoirs morbides dans le magazine *L'Express* quant à l'avenir de l'Humanité alors confrontée à la pandémie de grippe A (2009/2010), le même virus H1N1 qui causa une centaine de millions de morts entre 1918 et 1919 (la contamination s'effectuant, comme pour le Covid-19 par voie aérienne, toux et éternuements)… Écoutons le triste sire Attali : *« L'Histoire nous apprend que l'humanité n'évolue significativement que lorsqu'elle a vraiment peur… La pandémie qui commence pourrait déclencher une de ces peurs structurantes [car elle pourrait], mieux qu'aucun discours humanitaire ou écologique, [permettre] la prise de conscience de la nécessité d'un altruisme, au moins intéressé… Et il ne faudra pas oublier, comme pour la crise économique, d'en tirer les leçons, afin qu'avant la prochaine - inévitable - on mette en place des mécanismes de prévention et de contrôle, ainsi que des processus logistiques de distribution équitable des médicaments et de vaccins. On devra, pour cela, mettre en place une police mondiale, un stockage mondial et donc une fiscalité mondiale. On en viendra alors, beaucoup plus vite que ne l'aurait permis la seule raison économique, à mettre en place les bases d'un véritable gouvernement mondial ».*

Dans le malheur des hommes l'idéocrate messianiste découvrait du pain béni, sauf que

rien de ce qu'il préconisait en 2009 ne fut ni entrepris ni accompli et que la super crise annoncée ne semble pas devoir précipiter maintenant - pas plus qu'hier - l'arrivée de cette gouvernance mondiale tant attendue par nos prophètes de malheur. Bien au contraire puis que le reflux et la moindre dépendance économique seraient plutôt à l'ordre du jour. Et en ce qui concerne les structures de santé, dans notre pays, elles ne cessèrent d'être mises à mal et dans certains cas, démantelées. Ainsi les hôpitaux des zones périphériques (rurales), parce que non rentables, qui furent rayés de la carte sanitaire hexagonale (pendant que les Directions régionales de la santé laissaient proliférer les cliniques privées, établissements à but éminemment lucratif !).

Masques et Bergamasques

Si la Macronie a préféré de ne pas tester les personnes possiblement atteintes, ce choix a uniquement résulté de l'incapacité matérielle de procéder à ces dépistages prophylactiques… parce que les moyens n'ont pas été prévus en temps utile malgré un délai d'alerte d'au moins deux mois (décembre et janvier le premier cas recensé à Wuhan remontant à novembre 2019… À la même époque, sur avis émis par le Directeur général de l'Agence nationale de sécurité sanitaire de l'alimentation, de l'environnement et du travail, le 12 novembre 2019, la désormais molécule miracle (un antipaludéen, la chloroquine), allait être classée comme substance hautement toxique. Il aura fallu toute la pertinence et la persévérance du Pr. Didier Raoult, hier encore dénigré par les "mandarins" (les grands patrons du corps médical hospitaliers), pour que l'omerta soit brisée et que les laboratoires pharmaceutiques qu'il venait insolemment concurrencer - la chloroquine *ne vaut rien*, par conséquent ne rapporte rien au contraire d'un juteux vaccin dûment breveté surtout si ce sont les israéliens qui le mettent au point les premiers comme claironné- et que l'industriel Sanofi s'emploie maintenant à produire même si des essais cliniques sont toujours en cours[23].

En outre, la disparition des réserves de 600 millions de masques FFP2 (*Filtering Facepiece 2***, ou "masque faciale filtrant de niveau 2") et d'un milliard de masques chirurgicaux, constituées en 2010** *interpelle* **violemment. Depuis cette date – la guerre contre la Jamahiriya libyenne était**

---

[23] Les deux molécules expérimentées et préconisées par le Pr. Raoult dans le traitement du covid-19 « *sont connues, peu chères et faciles à produire. Sanofi a proposé 300 000 doses d'hydroxychloroquine (Plaquenil ou Nivaquine sous ses noms commerciaux) aux autorités françaises. De nouveaux essais conduits par d'autres équipes que celle de Marseille vont avoir lieu* ».

Entretien publié sur https://marcelle.media/2020/03/19/mais-qui-est-le-professeur-raoult/

l'année suivante d'une toute autre urgence[24] **– que les guerres à venir (et hautement prévisibles) contre les coronavirus... lesquels venaient pourtant d'amplement montrer leur potentiel pouvoir de nuisance. Car au sein de** l'État-major général de nos armées les pandémies étaient inscrites en rouge comme faisant partie des scénarii envisageable, de vieux spectres toujours présents, jamais oubliés depuis 1918 et que le H1N1 venait de réveiller. À l'heure présente, les masques chirurgicaux (que devraient théoriquement porter les malades) fait l'objet de la part du ministère de la Santé, de multiples spéculations dissonantes : « *80 millions* », et à entendre le Premier ministre « *110 millions* » révélant ici le flou divagatoire de la politique poursuivie et l'absence de fiabilité des données sur lesquelles sont basées les décisions prises au sommet de l'État. Bref la cacophonie se poursuit et s'amplifie... reste heureusement l'arme du confinement qui fera passer l'amère pilule du désastre économique à venir. Bref, pour ce qui est des masques FFP2, le ministre Véran avouera en réponse à une question orale le 3 mars dernier : l'État ne possède « *aucun approvisionnement en masques FFP2* ». Carence absolue !

---

[24] Guerre *humanitaire* diligentée par l'Administration Obama (et conduite par MM. Sarkozy et Kouchner dûment cornaqués par M. Bernard-Henri Lévy. Les guerres modernes se livrent tout au plus sur deux fonts simultanément, et un après, le H1N1 n'était déjà plus à l'ordre du jour.

En 2006, le ministre de la Santé Xavier Bertrand avait accordé toute son importance à la question des masques, une filière nationale de fabrication était créée pour échapper à la dépendance vis-à-vis des industries étrangères. En mai 2012, Mme Marisol Touraine, à son tour ministre en charge de la Santé, va revenir sur cette politique prudentielle... Il s'agit dès ce moment d'oublier la constitution de réserves en faisant appel en cas de besoin, aux usines asiatiques. Chaque hôpital est censé pourvoir de sa seule initiative à ses propres besoins. Notons qu'entre 2013 et 2015, Jérôme Salomon, l'actuel Directeur général de la Santé, fut le conseiller chargé de la Sécurité sanitaire de Mme Touraine ! Aujourd'hui, le ministre de la Santé, Olivier Véran[25], vient d'annoncer la commande de plus de 250 millions de masques, les disponibilités actuelles, selon les chiffre de son cabinet, n'étant que de 86 millions pour une consommation hebdomadaire estimée à 24 millions d'unités... La marge de manœuvre semble cependant encore bien

---

[25] M. Véran répondant à la question d'un député tente - vainement - de dédouaner le gouvernement Philippe : « *Jusqu'en 2011 et ensuite en 2013 c'était un autre mandat ! - il y a eu un milliard de masques de stock d'État, et puis il a été décidé que ce milliard de stock d'État n'était plus indispensable, tant les capacités de production mondiale étaient intenses, notamment en Asie. La crise sanitaire a frappé d'abord la Chine, premier producteur au monde, qui a donc exploité la totalité de ses stocks et de ses capacités de production* ».

faible au vu de la situation ! De toutes les façons, c'est l'ébouriffée secrétaire d'État auprès du Premier ministre et porte-parole du gouvernement, Sibeth Ndiaye, qui imperturbable aura eu le dernier mot : « *Les Français ne pourront pas acheter de masque dans les pharmacies car ce n'est pas nécessaire si l'on n'est pas malade* ». *Ah* mais !

D'autant que les contours de l'épidémie restent assez flous : le 21 mars, les chiffres en progrès constant, étaient de 562 morts en ne comptabilisant que les décès en milieu hospitalier à l'exclusion des morts survenues à domicile et dans les Ehpad ; 6172 malades dont 1525 en réanimation (pour la moitié âgés de moins de 60 ans). Quoique le nombre de personnes contaminées soit officiellement évalué à 14485, les chiffres se monteraient en réalité à quelque 90.000 cas, la plupart des personnes atteintes restant *asymptomatiques*. Maintenant combien de temps la crise sanitaire qui nous meurtrit et paralyse la vie du pays, parviendra-t-elle à occulter le scandale majeur (peut-être sur le fond supérieur à la crise elle-même), relatif à l'impréparation et aux *retards à l'allumage* dans la gestion de la pandémie… Autrement dit, en ce qui regarde l'incapacité de prendre les bonnes décisions en temps voulu et au vice initial consistant en un pilotage à vue, essentiellement politique, d'une situation urgence.

Pauvre petite Mme Buzyn

Toujours à propos de l'imprévision gouvernementale (l'incapacité criminelle à prendre les bonnes décisions au bon moment), il faut voir un début de rébellion citoyenne (en attendant les règlements de comptes qui ne manqueront pas d'intervenir à l'issue de la crise) dans la plainte déposée par un "Collectif de médecins et soignants" contre le Premier ministre et la ministresse de la Santé démissionnaire (pour cause de course à la Mairie de Paris en remplacement du *petit branleur* Benjamin Grivaux). Une plainte loin d'être anecdotique ou folklorique pour *« mensonge d'État »* appuyée sur un fait plus qu'édifiant : le Directeur général de la Santé, le professeur Jérôme Salomon, aurait formellement averti M. Macron, alors candidat à la présidence de la République, que la France n'était pas « *prête* » en cas d'épidémie.

Sur les messageries piratées de plusieurs dirigeants du Parti présidentiel « En Marche », des esprits aussi curieux qu'indiscrets ont eu la surprise de découvrit que, dès 2016, divers messages du Dr. Salomon (membre de l'équipe d'experts du candidat Macron et postulant au poste de ministre de la Santé) avertissaient le futur Président de l'impréparation de la France devant les *« risques majeurs de catastrophe, d'acte terroriste avec tuerie de masse, d'afflux de victimes et/ou d'usage d'armes NRBC* [nucléaires, radiologiques, biologiques, chimiques] ». Cette note insistait particulièrement sur la nécessité d'une

« *anticipation stratégique* » et s'achevait sur le constat sans appel qu'« *un dysfonctionnement grave aurait des conséquences délétères considérables* »... Ce que nous déplorons aujourd'hui !

Par un autre message daté du 11 janvier 2017, Jérôme Salomon avertissait le proche entourage de M. Macron : « [en raison de] *l'épidémie sévère de grippe que la France affronte cet hiver... l'hôpital déjà en crise* [est] *désormais "en tension" car il ne dispose d'aucune élasticité pour absorber des variations d'activité* ». C'est le même homme qui, fin janvier dernier, recommandait « *le port du masque pour les personnes malades... et des équipements de protection pour les professionnels du transport et du soin* » ajoutant judicieusement qu'il faut « *tester systématiquement* » toute personne présentant des symptômes d'infection alors qu'au même instant la porte-parole du gouvernement affirmait (voir supra) que les masques ne sont utiles que pour les soignants et que les tests n'apportent rien ! Une cacophonie qui ne ressort pas seulement de dysfonctionnements structurels, mais aussi et surtout de l'incapacité pour un *commercial* (spécialisé dans les fusions-acquisitions d'entreprises) comme Macron de diriger un État plongé dans une cruelle tourmente sanitaire.

De cette façon, le clairvoyant Jérôme Salomon – qui avait néanmoins tenu la main de Mme Touraine lorsqu'il s'était agi de liquider des réserves vitales de masques médicaux et de rendre nos services de santé dépendants d'un approvisionnement extra-européen - avait très en amont, prévenu M. Macron, avant même la prise de fonctions de ce dernier à la tête de l'État... Celui-ci, de toute évidence, avait eu une fois dans la place, d'autres chats à fouetter que de penser aux défis que l'Hexagone serait vraisemblablement amener à relever compte tenu ou en dépit des multiples alertes pandémiques qui avaient précédé[26]... Au demeurant, la priorité des priorités en matière de santé de nos gouvernants n'était-elle pas l'octroi de la Procréation médicalement assistée (PMA) *pour toutes* et intégralement remboursée par la collectivité nationale ? Comme dit l'adage populaire : « *on ne peut être à la fois au four et au moulin* » !

---

[26] La première pandémie du XXIe siècle intervient en 2009 avec la grippe H1N1, puis en 2012/2013 le coronavirus du syndrome respiratoire MERS-CoV. Intermède en 2014 avec la fièvre hémorragique Ébola en Afrique de l'Ouest qui atteint trois pays africains et se diffuse dans six autres pays sur trois continents. En 2015, le virus Zika sévit dans environ 70 pays causant de graves atteintes chez les femmes enceintes notamment au Brésil. Enfin, en 2003, le SRAS-CoV ! Autant d'alertes dont les dirigeants occidentaux n'ont tenu aucun compte, tout occupés qu'ils étaient à leurs magouilles et manœuvres politiciennes.

Ça ne sert à rien... Frontières, tests !

C'est bien connu, les frontières ne servent à rien. Les virus ne présentent pas leur passeport pour s'inviter ici et là (et apparemment pas en Turquie - pour le moment – trop occupée à exercer sur les oligophrènes bruxellois son pénible chantage à la libre migration de masse !). Ce pourquoi la France hexagonale est bien l'un des seuls pays au monde à n'avoir pas fermé les siennes. Le 12 mars 2020, le président Macron décidait (ordonnait) au cours d'une verbeuse intervention télévisuelle, de fermer « *jusqu'à nouvel ordre* », les crèches, écoles, collèges, lycées et universités sur l'ensemble du territoire... demandant aux Français de limiter leurs déplacements tout en annonçant le maintien des élections municipales prévues trois jours plus tard... Insistant pour que la nation sache « *éviter le repli nationaliste* » parce que « ***le virus n'a pas de frontières, pas de passeport*** », rassurant toutefois en précisant que la fermeture des frontières – « *quand elles seront pertinentes* » - le serait « *à l'échelle européenne* ». « *Le coronavirus n'a pas de passeport* » ? Grandeur et misère de la dogmatique politiquement correcte qui rend impotents et stupides des ersatz d'élites qui pour dissimuler leurs carences prévisionnelles et leur inertie dans l'action usent d'une sophistique de caniveau... Or çà la décision de maintenir les élections municipales constitue une preuve accablante d'une incapacité génétique à agir ou à réagir en temps réel ! De même, aux dires de nos *Sachants* les tests de dépistage (qui permettraient d'isoler les porteurs sains mais contaminateurs avérés) ne servent à rien. Ben voyons ! Ceci en dépit des objurgations de l'OMS et de leur généralisation dans nombre de pays, notamment aux États-Unis où le très décrié président Trump, contempteur affiché de l'*Obama Care* (un système de couverture sociale pour les plus démunis mais écrasant pour les classes moyennes), vient de les rendre accessibles à tous, pauvres ou riches, et sans bourse délier.

C'est pour cela également que l'Intersyndicale des internes en médecine (INSI) lançait le 17 mars un appel au président de la République pour... « *un dépistage massif de la population* » *!* Et comme le twitte le commissaire européen Michel Barnier, préposé au Brexit et séropositif, la *gueule enfarinée*, « *qu'il va bien, le moral est bon* ». Mais lui comme beaucoup d'autres personnalités politico-médiatiques ont été *testées*, tandis que nombre de petites gens, de Français de base, fiévreux et au souffle court, sont renvoyés dans leurs pénates, avec pour unique viatique la possibilité d'appeler le « 15 »... sans savoir à quoi ils se trouvent exposés, c'est-à-dire s'ils sont infectés ou pas, avec le risque bien réel d'une brusque aggravation de leur état et d'une mort brutale par asphyxie : dans avons tous dans les yeux les images de cet acteur italien avec en arrière-plan le corps inanimé de sa sœur morte sans secours médical... !

Guerre et état d'urgence sanitaire

Le lundi 16 mars, l'exact lendemain d'élections municipales qui consacraient le fiasco de la République en Marche (arrière), le président Macron, dans un discours (que des thuriféraires de basse-cour, ont osé qualifier de « *quasi churchillien* »), nous a annoncé une série de mesures de *confinement* (mais le mot n'a pas été prononcé, remplacé qu'il a été par celui de *restriction*). Dispositions justifiées par un état de « *guerre sanitaire* ». Un mot qui est revenu à six reprises dans le discours du chef de l'État, de manière hypnotique, pour le cas où le sens de ce mot nous échapperait, donnant *de facto* un zest de consistance au pire des pronostics vitaux de la nation vouée - dit-on - à voir disparaître le cas échéant 300 000 des siens. La *Guerre*, une formule rhétorique (de la pure com') destinée à frapper les esprits – M. Macron se grandit en s'érigeant en chef de guerre... chacun de nos petits monarques républicains veulent ou adorent se parer de la panoplie de Mars ! – sans pour autant avoir donné un contenu véritablement concret (au-delà des restrictions de mouvement) puisque, si les frontières ne seront pas fermées en dehors celles de l'espace Schengen de l'Union européenne.

Grâce au ciel, Italiens et Espagnols moins imbus d'idéologie européiste et cosmopolitiste (en la circonstance devenue indéfendable, mais chut ! taisons la chose), ont eux, fermé leurs frontières ! Ce pourquoi M. Macron, sauveur de la patrie, s'est hissé en un éclair sur le pavois des sondages… Et les Céfrans naïfs autant que dociles (la Nation se situe à présent dans une zone crépusculaire, entre *chien* au cou pelé et *loup* rebelle, où soumission et discipline se distinguent difficilement) n'ont pas vraiment compris que le confinement n'est que le masque de l'impréparation, du manque de réactivité devant la menace, le produit des mortelles inhibitions inhérentes au servage idéologique (ne pas oublier que les hommes choisis pour nous diriger ne sont promus et élus que proportionnellement à un bagage culturel et des aptitudes mentales forcément limitées : le rôle de l'École nationale d'Administration dans cette sélection sociale à rebours, est à ce titre écrasant). Que la quarantaine (qui n'ose pas dire son nom) relève en grande partie d'une forme d'improvisation… prenant une forme presque *vexatoire* ou pour le moins infantilisante : les restrictions de déplacement sont une chose, mais quand un *ausweis* est requis si l'on veut mettre le nez dehors, il n'est plus question de « restrictions » mais d'assignation à résidence.

Ce qu'il faut faire

Nos concitoyens devraient y réfléchir en ayant à l'esprit que plus de 90% des individus qui seront touchés par le virus n'en sauront rien ou n'en n'auront que de très faibles désagréments. En marge de la réhabilitation spectaculaire du Pr. Raoult et de son traitement par la chloroquine, sachons nous inspirer des expériences réussies outremer et parce que, n'ayant pas la science infuse, il convient de se reporter avec modestie (si ce n'est avec humilité) par exemple au modèle sud-coréen de lutte contre la pandémie coronale… Les Coréens du Sud ont en effet fait le choix judicieux de tester massivement leur population et de mettre à l'isolement uniquement les personnes porteuses du virus. Ce qui leur a permis de maîtriser la progression de la maladie sans confiner l'ensemble de leur pays. Et certes il en coûtera à l'économie coréenne infiniment moins qu'à la France mise en panne totale. Resterait à savoir - si nous en avions la volonté politique, mais pour cela encore faudrait-il que l'État français ne soit pas en cours de démantèlement, ce qu'a entrepris avec un zèle assidu le sieur Macron[27] - si le pays possède encore la capacité de mettre en œuvre une campagne de dépistage général, parce qu'au stade où nous sommes rendus, il ne s'agit pas vraiment d'un problème technique ou médical, mais de choix d'organisation du combat dans l'*urgence sanitaire* que nous traversons. Un non choix qui nous renseignent crûment, une fois de plus, sur la nature profonde du pouvoir en France et des hommes qui le composent. Espérons donc et attendons que le fleuve Alphée daigne déborder salutairement afin de

---

[27] Cf. « L'Imposture ou la Destruction programmée de l'État souverain » JM Vernochet – Kontre Kulture 2017.

nettoyer à grands coups de *karcher* les Écuries du roi Augias. Il serait plus que temps !

23 mars 2020 - 30 mars 2020

Phobos -
Le gouvernement de la Peur

Dans la nuit du 28 au 29 mars 2020, le chiffre officiel, si sinistrement symbolique, de 666 000 cas de coronavirose due au SRAS-CoV-2 était atteint. Au matin du 29 mars, pour 177 pays, l'on comptait 666 300 cas prouvés, chiffre à multiplier par mille en ce qui regarde les contaminés asymptomatiques… 30 900 morts et 142 000 guérisons définitives. Le taux de mortalité moyen à travers la planète serait, à titre indicatif, de 4,6%. En France, 6%, soit le double de ce qui avait été initialement estimé pour les classes d'âge des plus de soixante-dix ans ; en Grande-Bretagne 5,8% ; aux Pays-Bas 6,5%, et en Allemagne de 7 pour mille.

Au désastre sanitaire que représentent en France 2606 décès ce lundi 30 mars, vient se surajouter en France les conséquences économiquement catastrophiques des décisions prises à contretemps par un gouvernement paralysé par ses contradictions… Sempiternellement condamné qu'il est à se heurter de plein fouet au mur de la réalité physique, celle-ci venant contredire les partis-pris idéologiques qui rendent impuissantes nos élites de papier-mâché à prévoir les conséquences en cascade de décisions prises sous l'empire d'une consistante insuffisance intellectuelle et prévisionnelle. Au jour d'aujourd'hui, en France, et ce ne sont que des ordres de grandeur, 220 000 entreprises prévoient de mettre en chômage partiel quelque 2,2 millions de salariés, ce qu'annonçait sans frémir le 29 mars, la ministre du Travail Muriel Pénicaud au cours du « Grand Jury » RTL/Le Figaro/LCI… « *On est à plusieurs milliers de demandes par minute… Les principaux domaines concernés sont l'industrie, l'hébergement et restauration, la construction et le commerce non alimentaire… comme les garages, qui sont très touchés* ». On appréciera au passage (et à sa juste valeur) la qualité, la fluidité de l'expression verbale de cette politique de haut-vol !

L'actuelle *casse sociale* en accélération constante et la démolition en dominos de l'économie française (mais également européenne), n'est au fond que l'aboutissement d'un demi-siècle de *laisser-faire/laisser-passer* libéraliste porté à son paroxysme et légitimé dans et par le culte des *droits-de-l'homme*. Un mix idéologique ayant accouché d'un anarcho-capitaliste suppresseur de frontières, promoteur de la délocalisation des industries avec, en fin de parcours, dans le cadre d'une économie de services vulnérable à tous les vents mauvais de la conjoncture, la transformation de la France et de l'Europe en un vaste parc à la Disneyland dépendantes en tout de l'Asie profonde, depuis l'informatique jusqu'aux panneaux solaires (si coûteux à produire pour la planète, mais si chers à nos écolos-bobos), des substances médicamenteuses de base…aux masques chirurgicaux.

Super bobo a une petite mine… C'est pas la joie !

Heureusement que la Chine marxiste-léniniste (c'est-à-dire très officiellement stalinienne) vient au secours de l'Europe moribonde… Comme par exemple en vendant à l'Espagne 640.000 tests de dépistage défectueux [rfi28mars20] ! L'entreprise, Shenzen-Bioeasy-Biotechnology, avait été pourtant directement sélectionnée par le gouvernement de Pedro Sanchez qui, sorti du même tonneau euro-mondialiste que celui d'Édouard Philippe, montre que les classes dirigeantes de l'Union européenne (exception faite de la Hongrie ou de l'Italien Salvini) se ressemblent à s'y méprendre à l'instar de celles du Canada si bien incarnées par le clone de

M. Macron, Justin Trudeau… Cela au point qu'elles en seraient presque interchangeables ! Espérons donc que l'Union européenne qui a failli en tout et quasiment partout, ne survivra pas à cette crise, laquelle aura *révélé* – Apocalypse signifie étymologiquement "Révélation" – à la fois sa totale impuissance et son extraordinaire potentiel de nuisance. L'histoire gardera en mémoire pour l'anecdote, l'image de la présidente de la Commission européenne Mme von der Leyen, qui devant son lavabo, se lavant soigneusement les mains et l'entre doigts tout en chantonnant l'*Hymne à la joie* de Ludwig van Beethoven, se réjouit apparemment d'avoir suspendu les absconses règles budgétaires de l'Union. Tout un poème et tout un programme…

Un état de droit intégralement policier

Le 16 mars, le président macron imposait aux Français un confinement général, tout à fait inédit n'ayant d'équivalent que les blocus sanitaires imposés en Afrique de l'Ouest, au Liberia en août 2014 et dans une moindre mesure, au Sierra-Leone durant le mois septembre suivant. Ceci afin de bloquer la progression du virus Ebola cause d'une fièvre hémorragique presque toujours mortelle et sans traitement connu. Reste que le taux de létalité du SRARS-CoV-2 n'est en rien comparable (de 1 à 3% nous a-t-on dit jusqu'à présent… un mensonge parmi d'autres) à celui d'Ebola qui peut atteindre 90%. L'actuelle mise en quarantaine de la France – qui s'allonge et se resserre au fil des discours présidentiels et des interventions de Matignon – était-elle cependant indispensable pour juguler l'épidémie ? Nous connaissons tous la réponse : évidemment non !

Nous avons présent à l'esprit les contre-exemples de la Suède[28] (jamais mentionnée par les honnêtes médias grands menteurs professionnels, à commencer par omission), de Singapour, de la Corée du Sud et du Japon. Dans l'empire du Soleil levant, la population est douée - il est vrai – d'une *intense* discipline sociale (ne parlons pas de *civisme*), et continue de vaquer à ses occupations comme à l'accoutumée et surtout s'emploie à ne pas laisser sombrer une économie déjà lourdement plombée par une dette publique culminant à 238% du PIB (*Produit intérieur brut*) en 2018… mais avec les circonstances atténuantes de l'après Fukushima. Sachant aussi que cette dette est détenue à plus de 90% par des investisseurs nationaux, en particulier par la Banque du Japon !

À comparer avec le pharamineux endettement hexagonal, sans autres causes que la démagogie, le laxisme et l'incompétence des gouvernement de

---

[28] Alors que la Finlande a déclaré l'état d'urgence le 16 mars, que la Norvège et le Danemark sont en « *lockdown* » (blocage), le royaume scandinave des Bernadotte n'a toujours pas fermé ses écoles, ni bannis les rassemblements de moins de 500 personnes [lemonde.fr 18 mars20].

Gauche successifs (ceux du "front républicain" dit *UMPS*), et ce, depuis Raymond Barre. En septembre 2019 la dette de l'État français dépassait les 100,4% du PIB soit 2 415 milliards d'euros (en hausse de 39,6 mds par rapport au trimestre précédent)… et c'était avant le Covid-19, avant que l'État ne s'ingénie à mettre le pays en panne en ruinant les strates intermédiaires du tissu productif national, le bon exemple étant celui des petits commerçant laminés par des fermetures contraintes pendant la quarantaine générale au profit exclusif de la grande distribution. À croire que, profitant de la conjoncture de crise, il ferait durement payer la fronde des Gilets jaunes, réprimée dans la violence mais dont les braises continuent à rougeoyer sous la cendre chaude d'une légitime contestation sociale (salaires, régime des retraites…).

Bataille d'Auchan
(2020 apr. JC)

Or que nous dit donc "Le Monde" du 20 mars à propos de Singapour : « très tôt infecté par le virus venu de Chine, ce *confetti territorial* de l'Extrême-Orient ["confetti" mais néanmoins 4ᵉ place financière mondiale], *a su réagir* à la menace *avec rapidité et efficacité : dépistage systématique* ; établissement du parcours précis des patients dans les jours et les heures qui ont précédé leur infection pour remonter la piste du virus ; *suivi étroit, méthodes policières* rigoureuses à l'appui, *des personnes en quarantaine forcée* ». On notera la remarque suggestive par le ton, relative aux *méthodes policières rigoureuses* d'un *régime semi-autoritaire*... On ne le sait que trop bien, le quotidien vespéral Le Monde, largement subventionné par l'argent des contribuables et organe du grand capital[29], n'aime pas l'ordre politique et social des régimes *semi-autoritaire* ("semi" n'étant qu'une concession langagière semi-diplomatique), à l'instar de ceux du Hongrois Viktor Orban ou du Biélorusse Alexandre Loukachenko. À

---

[29] Encore subventionné en 2017 à hauteur de 5 millions 438 216€, cet organe est surtout celui du grand capital en la personne de MM. Xavier Niel (Pdg de l'entreprise de téléphonie mobile *Free* et créateur en 1984 du *Minitel rose* à l'origine de sa fortune, l'un des premiers supports électroniques de libre-échangisme sexuel), Matthieu Pigasse (directeur général délégué de la banque Lazard) et du Tchèque Daniel Kretinsky, un oligarque producteur et distributeur d'électricité d'origine thermique (gaz/charbon/fuel lourd)... et président du club sportif *Sparta Prague*.

Singapour parler une autre langue que le mandarin est réprouvé et depuis 1992, *horresco referens*, importer, vendre, mâcher du *chewing-gum* sont interdits et le cas échéant sévèrement pénalisés[30].

Est-ce à dire que la vie publique de la Cité-État soit particulièrement asphyxiante ? Sans doute moins que celle des Français *confinés* dans leur résidence pour une durée indéterminée pendant que les Singapouriens – bien qu'interdits de polluer les villes avec des galettes de gomme visqueuses - continuent d'aller et venir librement, de se réunir et de vivre comme à l'ordinaire... Au contraire des Hexagonaux, qui, eux, se retrouvent ces jours-ci soumis à un très réel *régime policier* et incarcérés à domicile au moment même le Garde des Sceaux, l'échevelée Mme Belloubet, prévoit la libération de 5 à 6000 délinquants et criminels en fin de peine (d'autres envisagent de vider les camps où sont retenus les migrants clandestins). Ainsi quand l'écume du monde bénéficie de sa liberté de mouvement, et lorsque les frontières ont été délibérément maintenues ouvertes (en perte totale du sens commun), le citoyen lambda en est réduit à se retrancher chez lui... Demeure, propriété privée, denier espace de liberté ! Et certes, quand les

---

[30] Depuis 2004, un aménagement de la loi permet les gommes à mâcher d'usage thérapeutique.
https://fr.wikipedia.org/wiki/Interdiction_du_chewing-gum_à_Singapour

magistrats exonèrent le crime et vident les prisons, celui qui respecte les lois et paie ses amendes (parce qu'il est solvable), se voit infliger une double peine : contraint qu'il est de se barricader à la fois contre l'épidémie importée d'Asie sous les semelles de vent du mondialisme et contre la caillera non astreinte à respecter les couvre-feux dans ses "territoires" où fleurissent les mille et une *start-up* du narcotrafic.

Et tandis que la France d'en bas ronge son frein, qu'elle se débat, confinée, souvent dans des logements trop étroits pour des marmailles exubérantes, et que les petits commerces périclitent... les géants de la distribution (Amazon-Leclerc-Carrefour-Metro-Auchan-Casino-Monoprix-Lidl-SystèmeU-Intermarché) demeurent autorisés à vendre sans interruption pendant la grande panne nationale. On voudrait liquider les classes moyennes rétives à la *mondialisation heureuse* (dernier avatar de la Révolution universelle et du paradis prolétariens des rêves sanglants de Lénine) et leurs *supports* économiques, que l'on ne s'y prendrait pas autrement. Nous savons par ailleurs que les milieux financiers ne se sont pas privés de spéculer sur une éventuelle crise sanitaire mondiale avec les "obligations sur les pandémies" (*pandemic bonds*) émises en juillet 2017 par la Banque mondiale qui ont permis de lever 320 millions de dollars sur les marchés... même si au final, en raison de l'extension planétaire du virus coronal, le pari pourrait s'avérer une assez mauvaise affaire !

Mensonge et impotence

Notre si fragile économie nationale est de toute évidence appelée à très vite payer – d'ici quelques mois - les ruineux effets de son arrêt forcé orchestré sous l'empire de la peur et sous les auspices de l'improvisation qui sont le substrat des décisions de politique de sécurité sanitaire des dirigeants. de la Gauche plurielle (droite libérale et socialistes grand teint - *bonnet blanc et blanc bonnet*). Une classe politique qui usurpe le pouvoir et qui devrait retourner au néant d'où elle sort. Déjà parce que l'évolution de la crise nous administre la démonstration que ces gens se sont bien contrefichus non seulement de prévoir la survenue d'une vague pandémique (malgré de multiples avertissements de la part des spécialistes et de diverses récentes alertes : H1N1, SRAS-Cov, etc.)… Mais encore de faire entreposer par avance des quantités suffisantes d'équipements, de matériels et de produits les plus nécessaires et les plus élémentaires tels que masques de protection, trousses de dépistage, respirateurs, gel hydro alcoolique… ou de disposer des capacités de production utiles à répondre à tous besoins d'urgence.

Tant et si bien, que ce n'est pas la lutte contre la pandémie elle-même qui a déterminé les choix déplorables que nous connaissons en matière de sécurité sanitaire (confinement généralisé et arrêt subséquent de la vie économique), mais bien l'improvisation (eu égard également à la haute contagiosité du SRAS-CoV-2) la plus catastrophique dictée par une situation devenue immaîtrisable en raison d'un déferlement de pathologies dans une forme aigüe et en passe de saturer les possibilités hospitalières d'accueil en soins intensifs. Même si les autorités annoncent – mais ne font-elles pas qu'annoncer ? – le doublement des lits de réanimation, de 5000 à 10 000.

Ces mesures de pis-aller ont de cette façon été présentées comme salvatrices par les pompiers pyromanes de la haute Administration et ont valu au président Macron – au moins pour un temps – l'aura du chef de guerre sauveur de la Nation. Sans rire, des comiques involontaires ont été jusqu'à le grimer en Clémenceau, le *Père la victoire* ! Un travestissement rendu possible grâce à la peur injectée à hautes doses dans les têtes de spectateurs tétanisées par les *commissaires politiques* (de quinquas-sexagénaires dont beaucoup sont issus des rangs trotskistes) qui se bousculent sur les plateaux télévisuels… experts improvisés et Monsieur Je-sais-tout ferraillant à tout-va pour tresser dans la débâcle, des couronnes à une Macronie failli, mais toujours *triomphale* dans la déconfiture[31].

---

[31] L'État annonce en fanfare le 28 mars – avec quatre mois de retard, la crise ayant démarré fin novembre 2019 - une commande d'un milliard de masques à la Chine communiste, et que finalement, au bout du mois d'avril – avec ainsi donc encore un mois en sus – le pays sera en mesure d'effectuer

D'ailleurs ne gouverne-t-on pas la plèbe, le Démos, avec la peur viscérale, Phobos[32]... Tous deux affiliés à la guerre dans nos démocraties en passe de devenir concentrationnaires tant les libertés réelles, concrètes, rétrécissent comme peau de chagrin. À entendre Nicolas Machiavel « *Celui qui contrôle la peur des gens devient le maître de leurs âmes* »... De nos jours la peur rend les foules trop souvent étrangères à la lucidité, et le climat anxiogène soigneusement entretenu par les médias rend d'inappréciables services à un pour dont il transmute les fautes (crimes et trahisons) en vertus rédemptrices...

Macron-Clémenceau ?

50 000 tests quotidiens de contamination pour 20 000 hebdomadaires actuellement... tandis que l'Allemagne en réalise déjà de son côté 500 000 chaque semaine.

[32] Les deux satellites de la planète Mars, elle-même baptisée du nom du dieu de la Guerre, sont Phobos et Deimos (terreur)... une troublante homophonie avec démos.

L'empire de la jactance

Dispositions coercitive - sans exagération aucune - destinée à voiler les carences prévisionnelles d'un État défaillant sur tous les plans… mais très apte à entourer sa poly-incompétence dans le brouillard des mots, les mensonges éhontés[33] et la jactance hypnotiques tinet lieu de seconde nature pour nos *autorités* responsables au premier rang desquels le chef de l'État, le directeur général de la Santé Jérôme Salomon, le Premier ministre Édouard Philippe et les deux titulaires de l'Intérieur Christophe Castaner et Laurent Nunez, le remplaçant de Mme Buzyn à la Santé, Olivier Véran ou encore M. Gilles Bloch, grand patron de l'Inserm (*Institut national de la santé et de la recherche médicale*)… tous protagonistes d'une tragédie que leur incompétence fondamentale à soigneusement préparée, organisée et au-delà, prolongée… Dont

---

[33] Compilation de quelques grossiers mensonges du ministre Véran qui affirme les 18 et 23 février puis le 3 mars que « *La France est prête* », archi prête, pas un bouton de guêtre de manque ! Patatras le 20 mars il passe aux aveux devant l'Assemblée nationale, le 16 mars encore le président Macron annonce des livraisons de masques en quantité suffisantes dans les deux jours, ils n'arriveront qu'au compte-goutte. Il faudra attendre le 27 du mois pour que soit "annoncé" des livraisons chinoises encore à venir.

https://www.youtube.com/watch ?fbclid=IwAR2wzedThZhO DJJGthJtWYdkTe2vJCMvuOGkyJpPLd8dKaxSDB3JCIWvf 6k&v=tEqe9-ZmN54&app=desktop

les conséquences immédiates est de reléguer au second plan toutes les interventions chirurgicales décrétées non essentiellement nécessaires... Et *chose affreuse*, si les dons de sang peuvent continuer (ils ne requièrent pas de dispositifs lourds et leur utilité est indéniable), par contre : « *les greffes non urgentes et les projets de procréation médicalement assistée doivent être reportés* »... Houlala ! Les vitales greffes d'organes et la PMA étant mises sur le même plan dans les priorités médicales par l'Agence de biomédecine dont les préoccupations majeures se portent (d'abord) sur « *les dons d'ovocytes et de sperme* » sans lesquels la société transgendérisée serait à l'évidence en grande perdition[34].

C'est – résumons-nous - dans l'urgence la plus cruelle que ces gens ont dû adopter des textes[35]

---

[34] En ce qui concerne la PMA, » aucune stimulation ovarienne ne débutera pendant la durée du confinement mais les patientes en cours de traitement non atteintes par le Covid-19 pourront le poursuivre afin de congeler les ovocytes ou les embryons et de reporter le transfert embryonnaire après l'épidémie ». "Recommandations mises à jour concernant les activités d'assistance médicale à la procréation durant l'épidémie de SARS-CoV-2" [agence-biomedecine.fr25mars20].

[35] La loi n° 2020-290 du 23 mars 2020 destinée à contenir l'épidémie de Covid-19, est adoptée en modification de loi de 1955 relative à l'état d'urgence. Le rafistolage juridique au secours de l'impéritie. Resterait à valider la légalité (indépendamment de l'opportunité sur le fond) des laisser-

transcrivant une stratégie de *sauve-qui-peut* essentiellement dictée par les défaillances d'un État tout entier asservi à l'idéologie libérale-libertaire, celle de la permissivité la plus vile, du sans-frontiérisme et de la négation des réalités physiques et biologiques les plus élémentaires. La stratégie de combat contre la pandémie adoptée par nos élites, celles de la politique et du complexe sciencio-industriel (laboratoires et *pontes* médicaux formant la technostructure de l'industrie de la santé), bien représenté en l'occurrence par l'Inserm déjà nommé… cette sorte de monstrueuse féodalité à la charnière de l'État et du secteur privé : institué établissement public en 2018, il jouit d'un budget de 908 millions d'euros dont 68% sous forme de subventions et 32% en *ressources externes*… C'est aussi une chasse-gardée pour une certaine caste oligarchique du monde médical et certains réseaux passionnément confraternels : dirigé jusqu'à l'automne 2018 par Yves Lévy (conjoint de Mme Buzyn alors mirobolante ministresse de la Santé), Gilles Bloch prenait sa succession le 2 janvier 2019. Suspect de passe-droit entre époux et de conflit d'intérêt, Yves Lévy – l'homme du laboratoire de haute sécurité P4 de Wuhan - a été discrètement poussé vers la sortie en échange d'une juteuse

---

passer exigés pour les déplacements personnels, purs produits de bricolages juridiques.

sinécure au Conseil d'État[36] où il est nommé conseiller extraordinaire. La République reconnaissante à ses grands serviteurs, est également une prodigue vache-à-lait (et dire que les rentiers sont honnis et vomis par la *Sociale*) !

Le centre contre la périphérie... Lévy versus Raoult

Le *retard à l'allumage* quant aux justes décisions qui devaient être prises pour prévenir la crise et la gérer, nous ne devons évidemment pas imputer ces manquements à la seule incompétence de nos élites, à leur soumission aux oukases bruxellois ou à leur inféodation aux injonctions intéressées des grands groupes pharmaceutiques lancés dans la course au vaccin et aux prodigieux profits qui en découleront... Toutes choses pouvant expliquer en partie – mais pas entièrement - l'ostracisme dont a

---

[36] Agnès Buzyn est nommée ministre de la Santé le 17 mai 2017 devenant de ce fait le ministre de tutelle de l'Inserm. Épouse d'Yves Levy, son directeur, et pour éviter toute suspicion ou risque de conflits d'intérêts, le Premier ministre, Édouard Philippe, prend un décret disposant que le Secrétariat général du gouvernement que l'Inserm sera directement placé sous sa tutelle. Le Conseil d'État est une sorte de *cimetière des éléphants* rassemblant, parmi les trois cents titulaires d'une charge, beaucoup de copains recasés après bons et déloyaux services (à l'égard du bien commun), ainsi le jeune Arno Klarsfeld (par sa mère petit fils d'un soldat de la Wehrmacht) est-il nommé conseiller au tour extérieur par le conseil des ministres du 27 octobre 2010.

été l'objet le Pr. Didier Raoult (inventeur du *remède miracle* à base de chloroquine contre le coronavirus), pas plus que la rivalité personnelle l'opposant à Yves Lévy, ex patron de l'Inserm (avant que le relai ne soit assuré par son coreligionnaire idéologique, Gilles Bloch) et son épouse Agnès Buzyn. Il n'est en effet que trop facile de rapporter certains grands fiascos ou des grandes cabales, uniquement à des questions de personnes en oubliant que les hommes incarnent des dimensions, des enjeux et des positions qui à certains moments peuvent entrer en conflit idéologiques et stratégiques. C'est certainement le cas ici car la France est rongée par un autre virus, politique celui-là, qui n'est autre que le jacobinisme, lequel se développe à échelle planétaire : le jacobinisme s'est en cours de recombinaison (ou de reconversion) avec le mondialisme et tend dorénavant à servir un système global multipolaire dont les divers pouvoirs autonomes qui le composent se développent en arborescence indépendamment des États qu'ils absorbent. Comprenons par exemple que l'Inserm – l'un des organes, avons-nous dit, du complexe international industriel et scientifique de l'ingénierie génétique et de la chimie organique (*Big Pharma*) – pèse plus lourd en matière de Santé publique que le ministère affublé de ce nom et qui n'est là que pour s'agiter sur la scène du théâtre d'ombres de la politique spectacle.

On le sait Raoult, expert en maladie tropicale et infectiologue réputé au plan international, a proposé en début de crise un traitement simple, peu coûteux et efficace en dépit du nombre réduit d'essais cliniques (une vingtaine au départ). À ce sujet il lui fut reproché avec maint sarcasmes par tous les Diafoirus et Purgon[37] du landernau parisianiste (soutenus et relayés par les *médic-journalistes* à l'instar du ludion médiatique, Michel Cymes, fils de fripier dont il a gardé la mentalité adaptative et mimétique) de soi-disant n'avoir respecté les protocoles inhérents à la *vraie* science, la médecine de terrain, empirique n'ayant plus droit de cité... sauf qu'aujourd'hui les malades de virose coronale ne sont pas imaginaires et requièrent des soins attentifs et immédiats, très au-delà de la logorrhée médiatique.

Raoult pour faire définitivement taire ses détracteurs a publié le 28 mars les résultats sans appel d'un complément d'essais cliniques : cette deuxième étude portait cette fois non plus sur vingt patients mais sur 80 et visait à démontrer « l'efficacité et la pertinence » de la prise d'hydroxychloroquine (un substitut synthétique de la quinine parfaitement connu dans ses effets et contre-indications, utilisé depuis soixante-dix ans) associée à un antibiotique, l'azithromycine destiné à bloquer des infections respiratoires opportunistes.

---

[37] « Le Malade imaginaire » comédie-ballet de Molière créée en 1763 par la troupe du roi, musique de Marc-Antoine Charpentier

Sur 80 personnes hospitalisées entre le 3 et le 21 mars ayant reçues une combinaison d'hydroxychloroquine les équipes de l'IHU du Pr. Raoult ont constaté « une amélioration clinique chez tous les patients, sauf un patient de 86 ans décédé, et un patient de 74 ans maintenu en soins intensifs. Concernant la charge virale, au jour 7 « *83% des patients étaient négatifs* ». Un taux qui monte à 93% au jour 8 pour atteindre 100% au jour 12. L'âge médian des 80 patients était de 52 ans (situé entre 18 et 88 ans) et 57,5% de ces patients présentaient une comorbidité (hypertension, diabète, maladie respiratoire chronique...) [yahoo.com28mars20]. Aucun effet secondaire important n'a été constaté chez les malades contrairement aux cris d'alarmes lancée par les scientistes tenant le crachoir dans l'œil de bœuf télévisuel ! Ces braves gens soucieux de la santé physique de leurs contemporains étaient parvenus à faire inscrire cette molécule au tableau des substance vénéneuse en janvier... sous le ministériat de dame Buzyn

Depuis la Chloroquine a été propulsée en tant que solution d'urgence (à défaut d'autres) aux États-Unis, en Chine, en Suisse, en Israël et adoptée à Paris par l'hôpital de la Pitié-Salpêtrière. Ce qu'il y a d'extraordinaire est bien que la cabale dirigée contre les infectiologues appartenant à l'équipe de Didier Raoult de l'IUH marseillais - quoique Lauréat du grand prix de l'Inserm en 2010 – se sont vus retirer l'agrément de la susdite institution... Par conséquent, en dépit des démentis nationaux et internationaux, la caste de médicastres parisianistes, relais de tout puissants enjeux de pouvoir financier et géopolitique, n'en démord pas et s'entête, en déployant leur méga artillerie médiatique, de couler – avec une indécence extravagante - le seul remède actuellement en mesure de sauver des vies à la pelle. Quelle leçon quant au cynisme et au mépris des hommes témoigné par des *élites* qui prétendent ne vouloir que notre plus grand bien et mieux, notre *bonheur*.

30 mars 2020 - 6 avril 2020

CoV-2 Le déferlement pandémique !

D'heure en heure, de jour en jour le flot de l'information grossit démesurément. Une information devenue presque intraitable (ou *ingérable*) tant elle est foisonnante, volatile autant que contradictoire… Une chatte n'y retrouverait pas ces petits. C'est *à vous dégouter d'y rien comprendre* ! De quoi entretenir une psychose si utile à redorer le blason d'un gouvernement failli en jetant la confusion dans les esprits soumis à des injonctions discordantes. Le gouvernement n'opère-t-il pas des virages à 180° successifs ? Un jour sans masque, le jour suivant avec, la liste est longue des revirements et des changements de cap. La situation de la France est en effet ubuesque avec ses soixante-sept millions de reclus, comparée par exemple à celle de Formose[38] - 322 cas, 5 morts au 31 mars –

---

[38] Un témoignage accablant… pour la France ! Formose : "Dès les premiers instants de l'alerte coronale : restriction des entrées sur le territoire, traçage des personnes contaminées, masque généralisé, température prise dans tous les lieux publics via des caméras thermiques, gel hydroalcoolique partout à disposition, surveillance des téléphones portables

où la vie suit son cours presque normalement... Alors qu'en Hexagonie les forces de l'ordre, ignorante des *territoires* (le vice-ministre de l'Intérieur Laurent Nunez : *"les banlieues ne sont pas notre priorité"* vidéoconférence du18 mars entre la place Beauvau et le corps préfectoral[39]) s'acharnent sur le panier de la ménagère pour en vérifier la conformité quant aux achats de première nécessité...

Au 1er avril six millions de contrôles effectués et 359.000 procès-verbaux pour non-respect du confinement ont été généreusement distribuées... Toutefois, même à 135 € pièce, cela ne remplira pas le tonneau percé de l'État Danaïde. Des pénalités sanctionnant dans moult cas, non la faute mais le règne de l'arbitraire, comme en témoigne la recrudescence de plaintes devant des tribunaux faisant trop souvent prévaloir l'*état d'urgence* sur l'état de droit. Notons que l'une des dispositions « *les plus dures* » de l'état d'urgence pris dans le

---

pour les personnes placées en quarantaine" bvoltaire.fr/a-taiwan-5-morts-et-pas-de-confinement/ ?utm_source=La+Gazette+de+Boulevard+Volt aire&utm_campaign

[39] « *Ce n'est pas une priorité que de faire respecter dans les quartiers les fermetures de commerces et de faire cesser les rassemblements* » [rt.com25mars20]. Deux poids deux mesures : l'égalité devant la loi ne vaut que pour les incarcérés à domicile.

cadre de la guerre anti-terroriste est – non pas la déchéance de nationalité, ce serait trop beau ! – mais *l'assignation à résidence* ! Alors, soixante-sept millions de "bioterroristes" potentiels *assignés* sine die tandis que les *dealers*, ces *startupers* (entrepreneurs *newlook*) de la troisième génération se gavent d'*oseille*, de *blé* et de *thune* dans des périphéries livrées à elles-mêmes… et les chiffres d'affaire se comptent par centaines de milliers d'euros annuels (voire millions) quoique l'information à ce sujet soit restreinte d'accès et même aujourd'hui sévèrement censurée[40].

État d'urgence sanitaire

Car "l'état de guerre" sanitaire prolonge l'état d'urgence terroriste jamais abrogé depuis 2015 puisque désormais inscrit au cœur de la loi en octobre 2017. Ce qui n'empêche pas les islamistes d'opérer sans que leur *laisser-passer* et leur *permis de tuer* leur soient seulement demandés ! Une guerre jamais achevée, le foyer carcinogénique du fanatisme étant soigneusement entretenu en Syrie, dans la poche d'Idlib sous protection d'Ankara, et que les puissances occidentales et leurs médias couvrent de toutes leurs forces compassionnelles… Moscou et Damas formant un couple maudit de "*bouchers*" acharnés à détruire nos si gentils

---

[40] En 2007, le gain annuel d'un dealer était estimé à un 500 000 euros. Depuis l'information reste introuvable.

djihadistes, ces bons enfants puinés de la Démocratie universelle libérale-totalitaire.

Le 4 avril au matin, un demandeur d'asile soudanais séjournant dans nos murs depuis 2017 se muait en fou d'Allah et tuait à Romans-sur-Isère deux personnes en blessant cinq autres. C'est ainsi que ces individus (trois ont été arrêtés) remercient le pays qui les a accueillis à grands renfort d'aides sociales et de totale gratuité des soins[41]. Des *jeunes hommes* comme les présentent les *minus habens* médiatiques dont M. Nunez (toujours lui, le 5 avril sur Radio-France) nous dit « *ignorer les motivations… L'enquête est en cours* » ! La réponse est pourtant limpide ! Le mobile, toujours le même, de ces surinades de trottoir ? Faire le maximum de victimes, verser le sang des vils mécréants que nous sommes. Pas besoin de chercher midi à la quatorzième heure. Que M. Nunez retourne dare-dare sur les bancs de l'école du bon sens élémentaire

---

[41] Le Monde 9 mars 2019, journal officieux de la République : "les demandeurs d'asile peuvent bénéficier d'une allocation de demandeur d'asile (ADA), d'un montant de 207 euros, pendant toute la durée du traitement de leur dossier. Les étrangers réguliers peuvent, à partir de 25 ans, prétendre au revenu de solidarité active (RSA), d'un montant mensuel de 551 euros après cinq ans de détention d'un titre de séjour. Les clandestins ont droit à la prise en charge gratuite des principaux soins médicaux au titre de l'AME. Les demandeurs d'asile bénéficient de la protection universelle maladie (PUMA), qui s'est substituée à la CMU.

et surtout, qu'il arrête de prendre les Céfrans pour d'indécrottables demeurés.

Une grippette teigneuse

Au départ l'épidémie coronavirale n'était, à entendre spécialistes et politiques, que bégnine, simple grippette ne nécessitant pas de mesures particulières – en France : ni masques, ni tests de dépistage, ni fermeture des frontières – avant qu'elle ne prenne des allures de Bérézina et que le gouvernement et le chef de l'État ne parviennent plus à cacher derrière leur habituel flot de jactance, leur impuissance produit de leur incompétence et de leur suffisance combinée. Un jour la ministresse Buzyn nous assurait que la Chine était loin et le péril encore plus lointain, le surlendemain, son successeur, le médicastre Olivier Véran, annonçait des livraisons de matériels qui n'arrivaient qu'en traînant des pieds ou qui n'arriveront longtemps après la bataille… Comme Grouchy à Waterloo ? Ainsi le Premier ministre Édouard Philippe le 28 mars, procédait-il à des annonces mirifiques dont on apprécierait singulièrement qu'il les tienne : à savoir un parc de 14 000 lits de réanimation, la réalisation de 50 000 tests classiques et 30 000 tests rapides *par jour* d'ici fin avril et la commande de « *plus d'un milliard* » de masques, niant par ailleurs mordicus tout « *retard* » dans le mise en œuvre des dispositions utile à contenir l'épidémie… Rappelons que le titulaire de l'Hôtel de Matignon nous présente comme une victoire de ce qu'en matière de dépistage notre voisin allemand réalise déjà depuis plusieurs semaines – pays le taux de mortalité est parmi les plus faibles, en dessous de 1%, - soit quelque cinq cent mille tests hebdomadaires tandis que la France atteignait péniblement les soixante-mille et seulement le 22 mars ! Or chez nous pendant que la gent politique jacasse, la mort, elle, continue à faucher[42]…

L'Allemagne a misé (et gagné) sur une politique de dépistages de masse, se démarquant dans sa gestions de cette crise de la classe dirigeante hexagonale par une aptitude certaine à effectuer les bons choix stratégiques au moment opportun, c'est-à-dire suffisamment en amont pour ne pas se trouver confrontée à des situations d'urgences devenues ingérables comme en France où l'on multiplie de théâtraux déplacements de malades par trains médicalisés, par hélicoptères ou par des vols

---

[42] Selon les statistiques de l'OMS et collectées par l'AFP, plus d'un million de personnes ont été contaminées à travers le monde (1 035 386 le 3 avril), avec un total de 53 693 décès dans 188. L'Italie comptabilise 13 915 morts, l'Espagne 10 935 et la France 5387. Les États-Unis avec 6058 † sont en passe de devenir le nouvel épicentre de la pandémie à la suite de l'Europe. Selon l'Université Johns Hopkins, la Fédération aurait enregistré 1169 morts en 24 heures pour 884 la veille. Au reste, "la moitié des contaminations confirmées recensées se situent en Europe, un quart aux États-Unis et le dernier quart dans le reste du monde". La moitié de la population mondiale soit 3,9 milliards d'individus seraient en confinement total ou partiel (chiffres sans grande signification au demeurant) dans plus de 90 pays !

sanitaires spécialement affrétés. La France détient aujourd'hui le triste record (comme naguère pour la pandémie sidaïque) du nombre le plus élevé de patients en états critiques à travers le monde (6399), soit de lourdes pertes en perspectives. La comparaison des taux de mortalité par million d'habitants entre la France et l'Allemagne est à ce titre affligeante : 13 décès pour l'Allemagne contre 83 pour la France par million d'habitants et guérit à ce jour deux fois plus de patients que la France. Une différence qui tient évidemment dans la très efficace organisation gestion de la crise… Moins de verbiage et plus d'action… en s'appuyant il est vrai sur un tissu encore dense de grandes et moyennes entreprises en capacité, notamment, de produire des tests, permettant des dépistages massifs et l'isolement des malades aux premiers stades de la maladie.

Songeons ici que dans un pays, la France, où l'on se donne les moyens de confiner la quasi-totalité d'une population de soixante-sept millions d'âmes, le gouvernement n'a su ou pu imaginer de réquisitionner les ateliers de confection– ateliers déclarés ou clandestins, chinois ou turcs, qui foisonnent dans divers quartiers de la capitale comme naguère dans le Marais – pour monter et coudre les centaines de millions de masques qui nous font à présent défaut… Notons que les population asiatiques, formosanes, singapouriennes, nippones, hong-kongaises, coréennes se déplacent librement, sans grande restriction, le bas du visage couvert tandis que les

Français sont traités comme des enfants pris en faute et mis au piquet à domicile !

Los Angeles sous la loi martiale

La guerre des masques...

Jusqu'à aujourd'hui les masques commandés en Chine nous parviennent au compte-goutte, cent millions par ci, cent autres par là. Sur les tarmacs de Chine populaire la guerre des masques fait rage : des *traders* (courtiers) d'un nouveau genre *soufflent* les cargaisons en les rachetant directement en liquide dans les soutes des avions… Une pratique apparemment courante (normale) qualifiée comme de bien entendu, de *fakenew* [news.konbini.com2avr20]. De grâce Messieurs les stalino-capitalistes de l'Empire du Milieu, ne trainez pas avec nos commandes, *please*, la France se morfond et compte sur vous… Lénine n'avait-il pas prédit que « *les capitalistes nous vendront la corde avec laquelle nous les pendrons* » ?

Enfin arrêtons un instant sur l'affaire de l'entreprise de masques industriels et médicaux du village armoricain de *Paintel*. Celle-ci connut ses belles heures en 2009 avec la grippe H1N1, ses ateliers tournaient alors à plein régime "vingt-quatre heures sur vingt-quatre, sept jours sur sept avec huit machines et 300 salariés et une capacité de production de quatre millions de masques par semaine, 220 millions par an"[43]... *Vendant des masques dans le monde entier, en Allemagne, en Angleterre, en Suède, à Taïwan, au Japon, en Amérique du Sud, aux États-Unis à partir de ses quarante-huit sites de production en Europe et en Afrique* ! Cela était trop beau pour durer, l'entreprise ayant été rachetée à prix cassé en 2010 par le géant de l'acier et des villes connectées, Honeywell... dont la stratégie financière à court terme et à hauts rendement ne cadrait pas avec les profits d'une industrie cataloguée comme déclinante (ceci malgré une première délocalisation partielle à Nabeul en Tunisie), mais surtout rachetée pour éliminer un producteur concurrent. Ses machines sont envoyées à la casse et ses ouvriers au chômage... Nous avons en l'occurrence un cas

---

[43] Radio France 3 avril 2020 (texte)
https://www.franceinter.fr/comment-la-france-a-sacrifie-sa-principale-usine-de-masques

formidablement exemplaire des ravages causés par la *mondialisation pratique*, son idéologie pernicieuse et ses deux corrélats que sont les délocalisations et la financiarisation des industries… Intervint pour parachever l'ouvre de destruction, la manie anglo-saxonne de supprimer toute initiative personnelle : le taylorisme poussée au bout de sa logique, l'humain devient un élément biomécanique de la machine asservi à des cahiers des charges, des protocoles dans le cadre de *process*[44] !

Pourtant en 2005 un accord avait été signé entre l'entreprise et le ministre de la santé, Xavier Bertrand, aux termes duquel l'État s'engageait à commander chaque année à l'entreprise plusieurs

---

[44] À comparer avec le système japonais de remontée permanente de l'information depuis la chaîne de production jusqu'au sommet et surtout avec la *gestion participative* germanique. Voir à ce sujet Johann Chapoutot 2020 « *Libres d'obéir – Le management du nazisme à nos jours* » : "L'organisation du travail sous le IIIe Reich va à l'encontre de toutes les idées reçues voulant que l'organisation allemande soit rigide, très centralisée et extrêmement codifiée. Wilhelm Stuckart remettra en question dans les années 30, les notions de centralisation et de décentralisation : l'État ou la direction de l'entreprise fixe un cadre clair et définit un objectif. Ensuite les exécutants ont toute liberté pour atteindre leurs objectifs de production ou accomplir leur mission. Mais cette liberté de choix, cette autonomie les rend responsable en cas d'échec". En un mot il s'agit d'une application à/dans l'entreprise du fameux *führerprinzip* qui s'apparente peu ou prou au principe de subsidiarité.

millions de masques… ceci avant de se désengager, l'Administration trouvant plus expédient de liquider en 2012 les réserves existantes et se fier aux usines asiatiques pour fournir les matériels en cas de besoin. On voit ce qui en a été : délocalisation des approvisionnements, politique de flux tendu et dépendance au regard des disponibilités et du bon vouloir des producteurs. Toutes conditions pour – au jour J – se retrouver le bec dans l'eau. Oublié la grande peur de 2009 et les cinquante de millions de vaccins imprudemment commandées par la ministresse Roselyne Bachelot. Fabriquer des masques à un moindre coût en Chine ou ailleurs paraissait être le bon choix pour nos responsables politiques et économiques… les imbéciles !

Bonnes nouvelles

Les nouveaux cas seraient en basse tendancielle, ce qui pourrait annoncer la décrue… Mieux, les immigrés seraient beaucoup moins sensibles au virus que les autochtones lombards, céfrans et ibères parce qu'ils seraient (c'est en cours de vérification et cela prendra des mois) protégés par la vaccination tuberculinique qui leur est administrée à leur entrée sur le territoire ! Quid des centaines de milliers de clandestins sans-papiers et sans *BCG* ? L'histoire ne le dit pas. En tout cas il y aura des places vacantes (celles des victimes de la République) que ces infectio-résistants pourront occuper. Et puis, pour contourner l'obstacle que dresse la trop accessible chloroquine (cette empêcheuse de tourner en rond dans le landernau de la science infuse), la Faculté qui se montre résolument hostile à son égard (malgré les pétitions et l'annonce le 21 mars du *pillage* des Pharmacies centrales des hôpitaux vidées de leurs réserves), envisage d'autres pistes prometteuses au fond d'un tunnel dont on ne voit pas vraiment le bout (confinement prolongé *sine die* et une seconde vague après la première ?).

Les guerres ont de tout temps dopé la recherche et constitué un indéniable facteur de progrès (au moins technique : ainsi le radar, fruit de la guerre sous-marine, qui a tant contribué à l'essor de l'aviation civile). Toutefois, l'on redécouvre maintenant le fil à couper le beurre et les transfusions de plasma (connues depuis des lustres) prélevé sur des individus guéris de l'infection par Covid-19. Un essai clinique au profit de *patients en phase aiguë de la maladie* commencera en France le 7 avril. Autre voie : une *solution* obtenue à partir du sang d'un ver marin aux propriétés oxygénantes, sera injectée à des patients affectés d'un syndrome de détresse respiratoire aiguë ! L'hémoglobine de cet arénicole commun sur nos plages, peut en principe acheminer 40 fois plus d'oxygène que l'hémoglobine humaine ! Cet essai concernant dix malades aura pour théâtre la Pitié-Salpêtrière... Résultats attendus : après l'hypothétique survie des patients.

À l'occasion du Forum économique mondial Davos (21-24 janvier 2020, le coronavirus venait d'être tout juste identifié par les médecins chinois le 7 du même mois), la *Coalition for Epidemic Preparedness Innovations*, organisation parrainée et financée par le *Forum économique mondial* et la

Fondation Bill et Melinda Gates, annonçait déjà la diffusion (universelle par définition) d'un vaccin contre le SRAS-CoV-2 encore inexistant à ce moment-là ! On comprend qu'une bataille de Titan se trouve engagée pour la conquête de vastes portions d'un marché planétaire fort de plusieurs milliards d'hommes. Citons pour finir, parmi les avancées du transhumanisme ambiant et galopant, le projet du *Massachusetts Institute of Technology* d'un carnet de vaccination sous-cutané sous la forme de nano symboles[45]. Une question se pose ici : ce vaccin sera-t-il obligatoire ? Et si oui, quelles mesures de rétorsions seront-elles prévues pour les récalcitrants ? Amendes, déchéance des droits civiques, prison ? Toutes les options sont sur la table... Au choix, bon choix !

---

[45] Ce carnet de vaccination 2.0 ne sera pas en une micro puce électronique, mais de nanoparticules composées de cristaux de cuivre d'une longueur de 3,7 nanomètres de diamètre, elles-mêmes encapsulées dans des microcapsules de 16 micromètres. Invisibles à l'œil, il sera nécessaire d'utiliser un *smartphone* spécifique afin de lire les informations fluorescentes [20minutes.fr23dec19].

6 avril 2020 - 13 avril 2020

Scandales gigognes... Le roi Macron est nu... et moche !

« Fin de partie » ou sortie de crise reportée sine die ?

À Bruxelles des voix autorisées préconisent maintenant le confinement des *personnes âgées à risques* ou *fragiles* et ce, jusqu'à la fin de l'année ! Jusqu'à l'arrivée d'un miraculeux vaccin européen ? Autant dire à la saint Glinglin, parce que cet hypothétique vaccin n'est évidemment pas près d'arriver... On se souvient des annonces fracassantes (à commencer par celle en 1985 de la malheureuse Georgina Dufoix), relatives à l'arrivée sur le marché d'un vaccin contre le *syndrome de déficit immunitaire acquis,* le tristement célèbre sida ! Le confinement des seniors (*vieux* ne se dit plus) devrait être ainsi maintenu *sine die* pour leur plus grand bien, une « *question de vie ou de mort* », selon la présidente de la Commission de l'Union Européenne, Ursula Von Der Layen, S'épanchant la veille de Pâques, le 11 avril 2020, dans le Bild-Zeitung[46].

Celle-ci, de toute évidence, ne se rendait pas compte de ce qu'elle avançait (à la façon du tragi-comique cacatoès Sibeth Ndiaye), évidemment dépassée par son propos aussi inconséquent qu'irréfléchi... Parce qu'enfin comment faire le tri parmi les *vieux*, entre les plus ou moins valides ou vaillants ? Faudrait-il retenir comme critère l'*âge pivot* de soixante-quatre ans fixé par M. Philippe pour la retraite à points ? Faudra-t-il implanter à nos anciens une puce lisible à distance ou un bracelet électronique pour les maintenir en confinement étroit et assignation forcée à résidence ? Autant dire que Frau Ursula n'a pas pensé un seul instant que confiner les *seniors fragilisés* peu ou prou par l'inexorable avancée des ans – 17,33% de plus de 65 ans sur 446 millions d'habitants de l'Union européenne – c'est de facto les exclure du système de soins dont ils sont dépendants plus que toute autre classe d'âge. Merci, merci les génies qui prétendent nous gouverner et sur lesquels l'actuelle crise sanitaire jette un jour plus que sinistre : comment, par quels mécanismes (viciés ou pervers), de telles nullités sont-elles parvenues au sommet de la *gouvernance*

---

[46] *« Sans vaccin, il faut limiter autant que possible les contacts des seniors... C'est difficile, mais nous devons rester disciplinés et patients »*[huffingtonpost.fr12avr20]*...* Et périr d'isolement sans le moindre secours de ses proches !

européenne ? Le mystère n'est pas bien grand : ils sont le pur produit de la démocratie et des déviations consubstantielles à sa nature profonde…

Pourtant un prodigieux thème de réflexion, de méditation et de perplexité pour qui scrute les abysses du genre humain et sa soif inextinguible de paradis terrestre à bon compte. Et puis, soulignons à ce propos la tendance *sui generis* des démocraties (empêtrées dans leur logique égalitariste), d'une subversion permanente du haut par le bas[47], laquelle se trouve dorénavant aggravée par la stupide idéologie de la *parité*. Une politique améliorée des quotas, cette fois en fonction du sexe (et bientôt, pourquoi pas, en ménageant la quarantaine de *genres* différents recensés à ce jour ?) là où, seule l'excellence, le talent, le savoir devraient prévaloir indépendamment de toutes autres considérations, de sexe, de race, de confession…

Scandale et scandales

De Sibeth à Ursula en passant par le pitre élyséen, tout est scandale (et au-delà) dans l'affaire du covid-19. De même qu'Israel Lazarevich Gelfand alias

---

[47] François Rabelais avait épinglé en son temps de règne de « *Messer Gaster* » (la tripaille in le "Quart Livre") triomphant de la raison pensante ou Jonathan Swift en 1703 qualifiant ses semblables de « *broomstick* », balai marchant sur la tête : « *a topsy-turvy creature* ».

Parvus théorisait en 1905 la *Révolution permanente*, idée que son disciple Trotski-Bronstein s'efforcera de mettre en pratique aux côtés de Lénine, chez nous prédominent l'agressive politique du mensonge permanent et de la verbosité, un scandale essentiel en soi... Une tromperie éhontée chassant l'autre, la faisant oublier, l'effaçant comme les vagues de la mer se recouvrent inlassablement sur le sable des rivages ! Comment ne pas être épuisé face à tant de mortelle insolence, comment parvenir encore à s'offusquer quand les tromperies et les trucages se suivent, se succèdent et s'emboîtent les uns dans les autres ? Pensons à la duperie des tests coronaviraux qui pourraient être pratiqués - par exemple - en très grand nombre via ces laboratoires vétérinaires qui pullulent sur le territoire national et qui sont parfaitement équipés pour les réaliser[48]. Ce ne sont pas moins de soixante-quinze laboratoires publics d'analyse départementaux qui ont été jusqu'à aujourd'hui empêchés de réaliser la moindre analyse de présence du SRAS-CoV-2... parce

---

[48] Le ministre de la santé, François Véran, enfin arraché à son coma éveillé vient d'autoriser par décret les laboratoires vétérinaires publics à pratiquer les tests Covid-19. Des échantillons envoyés le 6 avril par le CHU de Mâcon en Saône-et-Loire au laboratoire départemental Agrovalys 71, destiné habituellement aux filières agricoles et viticoles, ont été analysés en moins de 4 heures... au lieu de 48 auparavant, les prélèvements étant jusque-là envoyés à Paris ou à Lyon.
lepoint.fr/sante/coronavirus-les-laboratoires-veterinaires-commencent-enfin-les-tests-08-04-2020-2370637_40.php

qu'une "norme" interdit, en France, aux biologistes vétérinaires de traiter des prélèvements émanant de corps humains ! Une folle absurdité en temps de crise dénoncée par les Conseils départementaux et par les fournisseurs de ces laboratoires, ceux-ci ayant indiqué dès le 15 mars à Jérôme Salomon, directeur général de la Santé, disposer de réserves suffisantes de réactifs pour être en mesure d'effectuer quelque 150.000 à 300.000 tests hebdomadaires [lepoint.fr10avr20].

D'autre part, si l'on en croit Florian Philippot– ce *chevénementiste*, ancien bras droit de Mme Le Pen, un personnage qui n'est pas, et de loin, le moins digne de foi - citant le site *Médiapart* « *la commande de masques* [attendue fin juin] *n'arrivera que dans deux ans, en 2022* », seulement « *2% du milliard attendu ayant été seulement livrés* »… Cherchez l'erreur ! On comprend mieux que les "*vieux*" soient destinés à être séquestrés car *en attendant Godot* et les masques *made in China*, de l'eau coulera sous les ponts.

Indigné par les mensonges impudents de nos gouvernants – on le serait à moins – M. Philippot espère, imagine et appelle de tous ses vœux une « *révolution* » au sortir de la crise : « *Après les Gilets jaunes, une Tornade Jaune* »[49]… Tout cela

---

[49] youtube.com/watch ?v=jWialjcG8Og&feature=youtu.be – 4'40''

est bel et bon, nous également souhaiterions un changement de paradigme sociétal, un "retour au réel", au bon sens, à la morale, à l'équité vraie dans la conduite des Affaires publiques, mais ce qui nous attends – tant la résilience du Système est forte et sa capacité dialectique à rebondir, à convertir ses échecs en victoires – relève peut-être du pire cauchemar orwellien imaginable. Car les troubles sociaux post confinement que beaucoup redoutent ou attendent, pourraient constituer une raison supplémentaire en vue de prolonger l'hibernation de la vie économique et d'une société à demi psychotique en état de sidération avancée… Une vie suspendue qui pourrait permettre ou justifier à la sortie, un "grand bond en avant" dans les avancées *progressistes* et les réformes sociétales… Les violences conjugales montées en épingle à l'occasion du confinement (mais dont le contexte culturel, confessionnel et ethnique n'est jamais mentionné) pourraient certainement déboucher sur une sorte de *criminalisation* du couple hétéronormé (en avant vers la suppression pure et simple de ces reliques d'un autre temps que sont le mariage et la famille !) ; instauration du *revenu universel* (on en parle avec insistance) ; vidange des prisons : 8000 détenus (parmi lesquels 130 islamistes radicalisés) libérés sans tapage médiatique, tous nécessairement récidivistes puisque les primo délinquants ne sont jamais, ô grand jamais, incarcérés[50] ; régularisation

---

[50] Les peines inférieures à deux années *de privation de liberté* ne sont a priori jamais exécutées. Ne se trouvent derrière les

massive des sans-papiers, il est question de vider les camps de rétention ; géolocalisation des non-vaccinés et contaminants potentiels, traçage de leur réseau relationnel[51] ; ponction sur l'épargne et les assurances-vie ; réquisition des logements non-occupés et application stricte du « *Droit* » au logement ; suppression de l'argent liquide et des chèques ; installation subreptice de la 5G dont les autorisations obtenues sont passées, à l'occasion de la crise, *dans l'épaisseur du trait...* la liste est longue !

Au reste le confinement est un scandale en soit parce qu'il n'est pas la réponse a appropriée à la pandémie : M. Macron, en tant que *chef de guerre* est un déplorable stratège quoique sa politique serve aussi et surtout, à masquer tout un ensemble de carences, de défaillances d'imprévoyances [voir articles précédents] résultant de son ultra-

---

murs que les délinquants chevronnés multirécidivistes que l'échevelée Mme Belloubet élargit à tour de bras. Quand la voyoucratie est en liberté ce sont les gens normaux qui sont de facto emprisonnés. La Garde des Sceaux s'est félicitée d'un taux de surpopulation carcérale en baisse (depuis le début du confinement) : la France compte désormais 64 439 prisonniers contre 72 400 auparavant [valeursactuelles.com9avr20].

[51] Traçage qui donnera la possibilité et le pouvoir à ceux qui disposeront à leur gré des infrastructures de réseaux télématiques dans le cyberespace (États et méga opérateurs privés tels les GAFA), de dominer le *vulgum pecus*.

libéralisme européiste et atlantiste et *in fine* globaliste, de son *progressisme* arc-en-ciel aux couleurs chatoyantes de Mme N'Diaye, laquelle ayant trouvé la nationalité française en 2016 dans un *Kinder surprise*, s'est vue propulsée aux fonctions de porte-parole de la présidence... une ascension météoritique. Mais au demeurant la Roche tarpéienne jouxte le Capitole, n'est-ce pas ?

**N'Diaye incarne parfaitement sa fonction
à l'heure de la présidence Macron**

Du scandale à la pantalonnade

Nous avons évoqué [voir article précédent] un essai clinique qui devait intervenir dans les services de réanimation de l'Hôpital européen Georges-Pompidou et à la Pitié-Salpêtrière, ceci après avoir reçu la validation de l'ANSM le 27 mars et de l'Assistance publique des Hôpitaux de Paris. Cet essai prévu pour démarrer le 11 avril prévoyait d'administrer à dix patients hospitalisés en raison d'un syndrome de détresse respiratoire aiguë (SDRA), de l'hémoglobine d'un ver marin, substance en principe susceptible de doper l'oxygénation des malades. Patatras, le 9 avril le lancement de l'opération *vermicole* est arrêté en catastrophe lorsqu'on s'aperçoit qu'une étude (non clinique) datant de 2011, inopinément revenue à la surface, montre que la *transfusion* de sang arénicole sur d'infortunés suidés « s'était traduite par une létalité de 100%" des porcs l'ayant subie ». Il était *moins une* ! La décision de surseoir à l'essai en date du 8 avril était motivée par une urgente demande - quel euphémisme ! - de « réévaluation des risques encourus au regard du bénéfice escompté chez les patients » ! Parler dans le cas présent d'amateurisme serait en soi presque de la jobardise portée à un haut degré car nous errons à l'évidence dans un palais des glaces peuplé de branquignols doublés de pieds-nickelés se prétendant "*chercheurs*". Et puis comme aimait à le seriner le Nobel de littérature Isaac Bashevis Singer « *pourquoi faire simple quand on peut faire compliqué ?* »… Oui, pourquoi recourir au traitement à base de quinine du Pr. Raoult quand on dispose de réserves inépuisables d'hémoglobine arénicole dans le sable de nos plages ? Nous *vous le donnons en mille* !

Coups tordus et criminalité d'élites faillis

Nous ne reviendrons pas sur les multiples raisons tordues ou bassement mercantiles qui ont prévalues pour écarter le recours à la chloroquine en début de développement de la maladie. De tels errements, un tel mépris de la vie d'autrui relèvent de la justice pénale. Beaucoup y songent d'ores et déjà, fourbissant leurs arguments et leurs armes juridiques[52]. Du côté du palais de l'Élysée, de l'hôtel de Matignon et de la rue Duquesne, quelques-uns doivent commencer à *se faire du mouron...* (une bonne raison supplémentaire, avons-nous suggéré pour retarder autant que faire se

---

[52] Voir "L'État Macron et la pandémie covid19 : malfaisants ou malfaiteurs ?"
https://www.vududroit.com/author/vddblog/

"Depuis les aveux éclatant de Madame Agnès Buzyn dans le Monde, et la multiplication postérieure des informations sur les carences de la direction de l'État, la question de la responsabilité pénale des décideurs publics se pose. De nombreux hauts fonctionnaires semblent avoir engagé leur responsabilité pénale pour toute une série d'infractions : homicides et coups et blessures involontaires, mise en danger délibérée de la vie d'autrui, détournement de biens publics, voire prise illégale d'intérêts (Mme Buzyn, ministre de la santé, dans ses rapports avec l'Inserm dirigé par M. Lévy son mari). Il existe des manquements gravissimes et établis susceptibles de recevoir des qualifications pénales : sur la question des masques la nécessaire clarté sur ce qui s'est passé et la responsabilité des uns et des autres devront être établies par le juge pénal. À ce titre l'infraction de sabotage pourrait être retenue, or lorsqu'il est « commis dans le but de servir les intérêts d'une puissance étrangère, d'une entreprise ou organisation étrangère ou sous contrôle étranger, le même fait est puni de vingt ans de détention criminelle et de 300 000 euros d'amende ».

peut la sortie de crise et la fin du gel des conflictualités politiques et sociales prévalant avant le confinement autoritaire de la société).

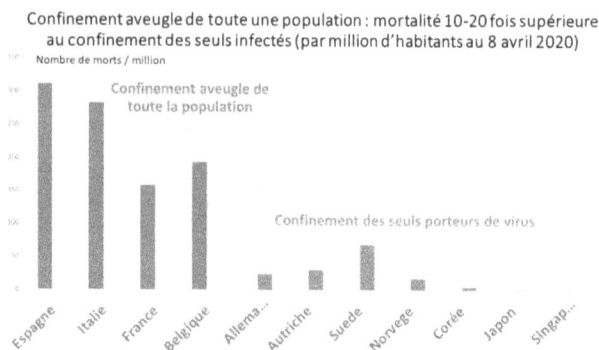

Confinement aveugle de toute une population : mortalité 10-20 fois supérieure au confinement des seuls infectés (par million d'habitants au 8 avril 2020)

Nombre de morts / million

Confinement aveugle de toute la population

Confinement des seuls porteurs de virus

Espagne · Italie · France · Belgique · Allema... · Autriche · Suède · Norvège · Corée · Japon · Singap...

Ce sont dans les pays à haut quotient intellectuel ethniquement homogènes (Singapour, Formose, Corée, Japon) que la gestion de la crise sanitaire est semble-t-il optimale. Existerait-il entre ces deux faits une relation de causalité ?

Observons enfin, ce que l'épidémie et le parisianisme des élites médicales met en évidence : une *bureaucratisation* de la science devenue par ailleurs exclusivement expérimentale (autrement dit : *"ce qui ne peut être immédiatement prouvé n'existe pas"* !) et non plus également intuitive (heuristique). On l'a bien vu avec la levée de boucliers contre le Pr. Raoult qui n'avait pas suivi la voie hiérarchique, qui a allègrement joué à saute-mouton avec les protocoles mû qu'il était par l'idée élémentaire qu'en cas de *"guerre"*, tous les moyens disponibles sont d'entrée de jeu mobilisables et utilisables.

La vaccination moderne n'existerait pas si Pasteur avait dû se plier à ce type de procédure bureaucratique lorsqu'il se trouva confronté au cas d'un petit Alsacien âgé de neuf ans, Joseph Meistert, quatorze fois profondément mordu l'avant-veille par un chien enragé. Pasteur qui n'avait pas auparavant véritablement testé son procédé de vaccination (sauf deux essais incomplets), consistant en l'injection d'un broyat de moelle épinière *dessiquée* provenant de lapins morts du virus de la rage. Il prit le risque calculé, mais audacieux, d'en tenter l'essai sans antécédent clinique convainquant, et le 6 juillet 1885, il commença d'administrer le virus atténué. Après treize injections, le pari a été gagné et l'enfant sauvé. Pasteur avait estimé que le bénéfice l'emportait sur le risque... mort pour mort, il fallait tout essayer. Ce qu'il fit. Et c'est bien à cela que se reconnaît les maîtres en leur domaine... Et non pas un *foutriquet*[53] pérorant à intervalles réguliers dans les lucarnes domestiques afin de se faire passer pour un chef de guerre !

---

[53] Élégant épithète dont Pierre Boutang habillait M. Giscard dit d'Estaing... Voir : "Précis de Foutriquet" 1981.

13 avril 2020 - 20 avril 2020

Déconfinement et/ou Déconfiture ?

andis que les habitants de la Floride se pressent sur les plages, les Français suspendent leur souffle dans l'attente de l'oracle qui devait tomber ce dimanche 19 avril... de l'auguste bouche de M. Édouard Philippe, ci-devant Premier ministre, lequel n'aura pas vraiment expliqué à ses ouailles concitoyennes à quelle sauce elles seront vraiment déconfinées. Non, les Hexagonaux reclus à domicile auront eu droit à la sempiternelle litanie sur l'air de Gavroche : « *Si nous n'avons pas encore de masques... C'est pas d'not' faute, c'est la faute aux Chinetoques* » ... Enfin si, il y en a... mais pas vraiment ! Pas de FFP2 à cause « *des tensions présentes sur les marchés* » ! Ah, ils z'auront mis du temps à sortir leurs excuses vaseuses. En fait ces gens pataugent et ne sont pas plus gênés que ça, nul parmi eux ne songe à s'excuser, à démissionner, ou bien comme Buzyn, l'ex ministresse de la Santé, à prendre les devants et se défausser (très peu élégamment) sur les collègues en prévision d'éventuels pénibles comptes à rendre quelque jour prochain. Puis le Dr. Véran qui lui a succédé, se flattait à la suite de son chef Philippe, d'avoir pour sa part « *réussi à importer beaucoup de masques... parce que les défis actuels sont inégalés et la crise inédite* ». Bravo l'artiste et sa belle invention du fil à couper en quatre le beurre et l'argent du beurre. Enfin nouvelle grandiose, les enfants pourront visiter leurs « vieux », mais de loin, dans ces EHPAD qui n'auront jamais aussi bien mérité leur petit nom de "mouroirs"...

Pendant ce temps, en Amérique la guerre entre confineurs et déconfineurs fait rage. Les premiers étant sans surprise les Démocrates, ces éternels philanthropes qui misent, au sein d'une économie à moitié gelée, sur l'aggravation exponentielle du chômage pour, à l'automne, abattre D. Trump assigné au banc des accusés pour sa – diront-ils - calamiteuse gestion de crise coronale. Ce sera - en ruinant les efforts dudit président afin de recréer en Amérique des gisements d'emplois - revenir au *statu ante quo*... Mais peu importe la casse sociale puisque ces « *liberals* » (au sens américain de *progressistes*) veulent des masses asservies pour leur salut et leur bonheur, au bon vouloir de l'Administration fédérale. La foule des petites gens et des déclassés ballottée par les flux et les reflux des marchés financiers, et, grâce à M. Bidden prête nom de la faction Obama/Clinton/Gates/Soros, foule prise peu ou prou en charge du berceau au cercueil ne subsistant que d'allocations et de frugale charité publique. Le tout coiffé par l'économie numérique (les GAFAM : Google, Apple, Facebook, Amazon et Microsoft et les autres), les géants de l'armement, des énergies fossiles, de la chimie et les semenciers, soit le futur paradis des *damnés de la terre* dans sa version oligopolistique… Pour ceux évidemment qui auront échappé aux poubelles de l'avortoir, aux polyvaccinations précoces, au traçage électronique, au puçage sous-cutané, au chômage et, au terme d'une existence honorablement consumériste, à une heureuse et profonde sédation (le Rivotril n'est-il pas dorénavant, et jusqu'à nouvel ordre, laissé à la discrétion des médecins traitant ?)… Bref un monde de *welfare state* amélioré (en France, un État-providence version vache à lait aux fins explicites de clientélisme électoral), dominé par l'argent et des *méta-seigneuries* transcontinentales.

Pas de trêve des confineurs

Sans surprise, c'est le Michigan dont le gouverneur est la colistière du Démocrate Joe Bidden dans sa course à la présidence, qui s'arc-boute sur le confinement et sa prolongation *sine die*, tandis que le président Trump appelait de son côté à la « *rébellion* » contre des règles étroitement privatives de liberté, twittant le 18 avril : « *Libérez le Minnesota !* », « *Libérez le Michigan !* », « *Libérez la Virginie !* … « *Et sauvez votre formidable deuxième amendement. Il est assiégé !* » référence faite au droit constitutionnel de porter des armes[54]. Dans ces trois états, des manifestants

---

[54] Dans la gaule franque (mérovingienne) le port d'une arme (l'épée longue en l'occurrence, la spatha) était la marque de la

(comme dans la capitale, Washington le 19, mais dans le Michigan certains portaient ostensiblement leur fusil d'assaut … avec ou sans leurs munitions ?) exigeaient la levée des restrictions de libre déplacement. À cet égard une Révolution (si longtemps attendue) viendra-t-elle sans autre tapage de la lointaine Amérique ? Nation où la pandémie aurait causé à ce jour (selon l'Université Johns Hopkins) presque quarante mille de morts pour 630 000 cas recensés. Des chiffres qui n'ont cependant vraiment rien d'extraordinaire rapportés à l'ensemble du pays (troisième pays le plus peuplé derrière la Chine et l'Inde avec en 2019 quelque 328 millions d'âmes)… et eu égard à son extravaguant taux d'obésité (39,6% pour les adultes et 18,5% pour les enfants en 2016) ! Un cofacteur décisif dans les formes aggravées de l'infection virocoronale au pays de la malbouffe érigée en institution nationale, pays des McDo, des KFC (Kentucky Fried Chicken), des Starbucks, des rituels barbecues du dimanche[55]… Et puis ne

---

condition d'homme libre. 18 août 1789, le Comité de Rédaction de la Déclaration des Droits de l'Homme et du Citoyen disposait : « *Aucun pays n'est plus paisible et n'offre une meilleure police que ceux où la nation est armée* »… telle la fédération helvétique où les citoyens détiennent leur arme de guerre à domicile et où les achats d'armes étaient libres il y a peu encore.

[55] Une déformation du vocable « *de la barbe à la queue* » renvoyant à la rôtisserie de bœufs entiers à l'occasion des *boucans*. Ne pas oublier que l'Amérique fut en grande partie

parlons pas des statistiques truquées le cas échéant (chez nous également), toute mort étant mise au compte d'un Covid-19 afin de maintenir la pression par la peur sur des populations prêtes à tout gober… D'abord si c'est la *dive* télévision qui le dit !

Dans le Michigan nous avons plus précisément 1900 décès, 208 en Virginie et 87 dans le Minnesota. Mais de même qu'il existe sous la surface médiatique un officieux et *profond climato-scepticisme* (ne pas confondre les sautes d'humeur ou oscillations climatiques avec un réchauffement d'origine purement anthropique), pareillement les manifestants de Lansing hostiles à tout confinement se montraient - de la même façon que les sceptiques climatiques tel Didier Raoult - tout aussi farouchement dubitatifs à l'égard de la pandémie telle que présentée par les médias dans toute son horreur. Des pancartes déclarant « *Facts not Fear* » (des "Faits et non de la Peur") ou « *Gardez vos distances avec les médias* » répondaient au prêchi-prêcha alarmiste de Gretchen Whitmer, gouverneur Démocrate du Michigan… qui est aussi la colistière (*national co-chairwoman*) de Joe Biden aux élections présidentielles de 2020 et à ce titre, candidate à la vice-présidence de l'Union. Bref nous savions qu'il existait deux Amérique, l'une de gauche, adossée au gros argent et néanmoins

---

française, la Louisiane couvrant le presque totalité du bassin du Mississipi.

praticienne de la démagogie la plus pure (bien représentée dans les circonstances présentes par la Fondations Clinton et celle de Bill et Melinda Gates), cosmopolitiste et mondialiste… Soit la figure *branchée* de l'anarcho-capitalisme, dernier avatar de l'*internationalisme prolétarien* d'antan repensé par Herbert Marcuse[56].

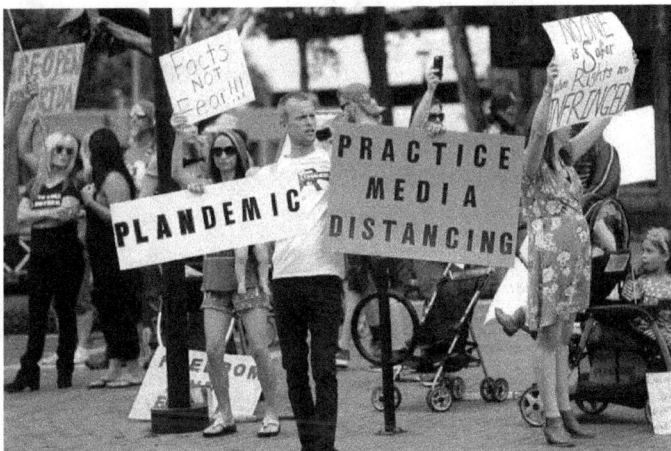

Lansing, Michigan, samedi 18 avril 2020, sur les marches du palais du gouverneur Gretchen

---

[56] Théoricien du marxisme culturel (freudo-marxisme), surgeon de l'École de Francfort. Voir JM Vernochet « La guerre civile froide » octobre 2017 et « En l'An 68 » août 2018.

Trump le rebelle

Cohérent avec lui-même, joignant le geste à la parole, le14 avril le président Trump annonçait la suspension de la contribution des États-Unis (4 à 500 millions de dollars l'an contre 40 millions « *et même moins* » pour la Chine) à l'Organisation mondiale de la santé (OMS)… !

« *Aujourd'hui, j'ordonne la suspension du financement de l'Organisation mondiale de la santé pendant qu'une étude très approfondie sera conduite pour examiner son rôle dans la mauvaise gestion et la dissimulation de la propagation du coronavirus…* Car nous avons le « *devoir* » de réclamer des comptes »… Estimant en outre que « *Si l'OMS avait fait son travail et envoyé des experts en Chine pour étudier objectivement la situation sur le terrain, l'épidémie aurait pu être contenue à sa source avec très peu de morts* ». *Rappelons que* l'OMS avait fin janvier vertement critiqué la décision de la Maison-Blanche de refuser l'entrée sur le sol américain des passagers arrivant de Chine.

Une mesure pourtant de simple bon sens qui eut pour effet bénéfique de ralentir un temps la propagation du virus aux États-Unis. Sachons également que le Directeur général de l'OMS est depuis 2017, Tedros Adhanom Ghebreyesus, né en mars 1965 à Asmara en Éthiopie. Après avoir été ministre de la Santé de son pays (2005/2012), il sera simultanément de 2009 à 2011, directeur d'un programme de lutte contre le sida, la tuberculose et le paludisme, financé par la Fondation Bill & Mélinda Gates (nous y voilà !) et siège au conseil d'administration de l'Alliance pour la vaccination (GAVI) qui œuvre – dit-on, mais "les gens sont méchants" – en étroite collaboration avec *Big Pharma* (les multinationales de l'industrie pharmaceutique) dans le but à peine voilé – un prodigieux filon - de vacciner la terre entière ! On comprend mieux que sa candidature a été fortement soutenue (outre les représentants chinois) par les Fondations Gates et Clinton farouches partisans de la vaccination pour tous.

Il ne s'agit pas ici de complotisme, mais de faits avérés. Si conspiration il y a, elle est *à ciel ouvert* – « The Open Conspiracy : Blue Prints for a World Revolution » est le titre d'un essai publié en 1928 par d'H.G. Wells après son passage dans la *Fabian society* entre 1903 et 1908 – et elle est le fait de ces élites progressistes et messianiques qui placent leurs hommes de paille et leurs marionnettes logorrhéiques à la tête des États ou dans ces embryons déjà virulents de gouvernance mondiale que sont les organisations multilatérales sur le modèle de l'OMS satellite des Nations Unies... où de la Commission européenne.

De ce point de vue, on sera indulgent quand se développent des thèses plus ou moins échevelées et plus ou moins convaincantes effectivement complotistes – la fronde républicaine dans les trois bastions Démocrates cités plus haut en est une illustration – et selon lesquelles données officiellement publiées relatives la grippe coronale, seraient en partie truquées (voir infra *note 6*). Les chiffres de l'INSEE (Institut national de la statistiques et des études économiques) concernant la mortalité de ces deux dernières années sont à ce titre impressionnants : fin mars 2020, le nombre de décès cumulés en France était supérieur à celui de 2019 mais inférieur à celui de 2018[57] ! L'orchestration de la peur collective offrant une occasion pour resserrer le contrôle social mis peu à peu en place afin de formater des populations encore rétives – des « *Gaulois réfractaires* » - à se couler dans le moule de la mondialisation heureuse, et leur faire accepter les règles contraignantes voire insupportables de la démocrature en Marche… Rester bien en deçà des lignes jaunes, ne pas porter de gilets couleur safran, se moucher dans son coude, saluer son voisinage depuis son balcon le soir à la vingtième heure, obéir au doigt et à l'œil aux consignes émises par le *Jacques-à-dit* élyséen ! La crise sanitaire serait/est dans ces conditions, en

---

[57] https://www.insee.fr/fr/information/4470857 - « Au niveau national, le nombre de décès totaux enregistrés à la date du 10 avril 2020 et survenus entre le 1er et le 30 mars 2020 est supérieur à celui enregistré sur la même période en 2019 : 57 441 décès ont été enregistrés en 2020 en France contre 52 011 en 2019. Ce nombre reste néanmoins inférieur au nombre des décès enregistrés sur la même période en 2018 (58 641 décès en France), année où la grippe saisonnière était encore virulente au mois de mars ».

grande partie, une fabrication et un prétexte pour tester la docilité (voir la servilité) des peuples européens (ou occidentaux) seuls véritablement impactés (il faudra bien, un jour ou l'autre, nous dire pourquoi ?).

Félicitons-nous enfin que des voix, et non des moindres, s'élèvent à Washington - comme à Brasilia d'ailleurs où l'affreux populiste Bolsonaro n'ayant apparemment pas toutes les hideurs du crapaud, fait écho à celle de D. Trump - pour dénoncer la grande duperie pandémique. Et ce dernier de réclamer avec une insistance pressante que l'homme d'Obama et de Clinton, le sieur Ghebreyesus, soit débarqué au plus vite de son siège genevois[58]. Au demeurant tout cela ne sont que des péripéties collatérales dans la guerre qui oppose en Amérique, Républicains et Démocrates, avec en arrière-plan les âpres rivalités économiques qui opposent l'Amérique et la Chine populaire, rivalités

---

[58]   Voir   foxnews.com/politics/who-director-faces-growing-calls-to-resign-over-handling-of-coronavirus-china ? Selon la sénatrice Martha McSally « *Le Dr Tedros nous a trompé* » et demande sa démission tout comme Nikki Haley, ancien ambassadeur des États-Unis aux Nations Unies. Quant au sénateur Ted Cruz, ex candidat à la présidence, toujours dans le même registre : « *l'Organisation mondiale de la santé s'est constamment pliée à la volonté du Parti communiste chinois au détriment de la santé mondiale et de la maîtrise de la propagation du coronavirus* » estimant que « *l'OMS ayant perdu toute crédibilité, une urgente réévaluation de son leadership s'impose* ».

qui sont également d'ordre géostratégique… et pour enjeu final la "domination mondiale" ou en tout cas une suprématie incontesté, rêve d'un *monde unipolaire* un temps caressé par les néoconservateurs américains après la chute du Mur de Berlin. Pour compléter le tableau, n'oublions pas la lutte féroce qui oppose le populiste souverainiste à la mode Yankee, D. Trump, à un État profond, désormais débordant largement les frontières de l'Amérique du Nord puisqu'englobant ses tristes vassaux du Vieux Continent… ceux – bien sûr - de l'Union dite européenne, ainsi qu'un glacis de tributaires et de commensaux éparpillés aux quatre coins de la planète…

La gouvernance par la peur

Et reconnaissons que cela marche à plein : la peur qui étreint un grand nombre de nos concitoyens, est à ce titre fascinante à scruter. Peur panique soigneusement entretenue et distillée par les médias dont les ténors mentent éhontément, en toute connaissance de cause et avec un admirable aplomb[59]… Raison pour laquelle – en faisant la

---

[59] Un exemple parmi un million : la revue de presse internationale de France Inter du 14 avril mentionnait que la mortalité allemande due (ou imputée) au covid-19 était "relativement plus faible qu'en France ou en Italie »… Ou quand la falsification conte fleurette à l'euphémisme relativiste : en Allemagne le taux de mortalité des malades n'est pas « *relativement plus faible* », il était au 26 mars (AFP) de 0,5%, contre 5,2% en France, soit 198 morts outre-Rhin

juste part d'une surinterprétation fréquente et assez facilement repérable chez les défenseurs à contre-courant de grandes causes d'intérêt public – l'on ne peut écarter dédaigneusement les propos de ceux qui voient dans cette crise sanitaire un prétexte pour resserrer l'emprise étatique sur peuples, juguler les États-Nations, les faire réintégrer le giron de la bien-pensance mondialiste et, à l'occasion de ce grand chambardement, prendre les mesures *ad hoc* susceptibles de faire franchir la barre (au sens nautique) de la crise économique et financière qui menaçait d'éclater.

Ajoutons qu'en Hexagonie, les échéances de toutes natures sont renvoyées aux calendes grecques : extinction *de facto* de la colère sociale, celle des Gilets Jaunes, celle des syndicats en perte de vitesse qui avaient enfourché le cheval de bataille de la réforme des retraites... De déficitaire dans les sondages, l'équipe gouvernementale s'est vue remonter au firmament des opinions favorables, M.

---

contre 2317 dans l'Hexagone. Et l'écart n'a cessé de se creuser : au 18 avril, 19.718 décès officiellement décomptés en France pour 4 294 chez Mme Merkel. Sur les chaînes publiques où l'on détaille les calendriers de déconfinement, l'on oublie de dire qu'en Suisse celui-ci est laissé au bon vouloir de chacun, etc. Non les Européens ne sont pas tous logés à la même enseigne cornavirale quoiqu'en disent les gangs semeur de panique, spécialisés dans le viol des foules et l'intoxication de l'opinion, ceux-là qui sévissent sur les chaînes et stations audiovisuelles publiques et privées.

Macron se présentant comme un chef de guerre, alors que ces tristes sires n'ont été que les organisateurs de la panne générale qui affecte le pays... Déjà par leur impéritie, leur incapacité à faire les bons choix, à prendre les bonnes décisions en temps réel et à les mettre en œuvre : on annonce *at last* pour fin mai 500 000 tests hebdomadaires de contamination, étiage atteint par Berlin depuis le début mars !

Certains invétérés conspirationnistes vont donc – dans ce contexte - jusqu'à interpréter les événement actuels comme une sorte de "guerre hybride" conduite contre les peuples afin de les plier aux exigences du Nouvel ordre mondial[60]... avec la clef – bis repetita – vaccination universelle (celle que préconise M. Gates et ses séides de l'OMS), nano-puçage du carnet de santé, traçage par géolocalisation, citoyenneté à points... Sans oublier, les grandes avancées sociétales que sont la consécration et l'extension des droits sexuels (lesquels tiennent une grande place dans les intervention officielles même au cœur de la crise), l'avortement jusqu'au jour de la naissance et même après (par conséquent légalisation de l'infanticide... « on » en parle beaucoup !), et surtout l'euthanasie

---

[60] Voir par exemple cette vidéo édifiante, caractéristique d'une lecture particulière de la crise et par forcément dénuée de sens (avec des images du Michigan) » *Début de révolte armée des peuples contre les élites et la fausse pandémie* ». youtube.com/watch ?v=4cfM9qM9SV4&feature=youtu.be

ouvertement pratiquée ces jours-ci dans nos EHPAD sur des vieillards jugés *a priori* irrécupérables, qu'ils soient ou non atteints par le coronavirus, ceci sans accord du patient lui-même ni de sa famille... En effet l'euthanasie interdite en France jusqu'à très récemment aurait été en principe légalisée très discrètement par un décret en date du 28 mars ! Bien entendu, le politiquement correct rejette le terme d'euthanasie prétendant que « *loin d'autoriser l'euthanasie des patients, le décret prévoit en réalité d'apaiser les souffrances de ceux qui ne feront pas l'objet d'une réanimation après décision collégiale* »[61].

De vilains jeux de mots pour masquer - dès lors qu'il n'y a pas "d'autonomie du consentement" de la part du malade ou de sa famille - la perpétration d'un assassinat (meurtre prémédité en bande organisée

---

[61] Témoignage... Parlons de malades et des mourants abonnés à eux-mêmes... "Ceux pour qui le Samu ne s'est pas déplacé. Ceux qui ont souffert avant de mourir. Léa m'explique que, devant cette situation aussi inhumaine qu'injustifiable, les autorités sanitaires ont mis en place il y a dix jours dans les Ehpad du Grand Est, un nouveau protocole (décret relatif à l'usage discrétionnaire du Rivotril)... pas pour sauver, non ; pour aider à mourir : « *On leur met une perfusion, c'est une sédation profonde. Ils mettent 2 heures à mourir, au lieu de 72. Pour nous c'est très dur de faire ça. Donner la main et regarder les gens partir, c'est pas notre rôle de soignant. On les aide à mourir et non plus à vivre* ». Pas besoin de l'accord de la famille : « C'est le médecin qui décide, c'est comme ça ! ». Les familles seront averties plus tard" [Fr3].

via une prétendue "décision collégiale" !). Notons que cette *collégialité* de la médecine actuelle efface toute responsabilité individuelle : la mode étant de *jouer collectif* ou de *faire communauté*. À ce sujet ne confondons pas *individualisme* égotiste et grégaire avec l'*individualité* vraie… celle-ci étant plutôt en voie de disparition et ne subsistant que dans quelques rares îlots de résistance authentique. Un dernier mot. La chloroquine est interdite à la vente depuis le 13 janvier 2020 (alors que l'épidémie se répand en Chine et que Mme Buzyn occupe encore son bureau avenue Duquesne)… mais la prescription de Rivotril devient licite, son usage est même encouragé pour les vieillards mal en point… le rêve d'Attali pour lequel « l'euthanasie sera un instrument essentiel de nos sociétés futures » 1981 *in* « L'avenir de la vie ». Sans rire ! L'euthanasie pour tous, fin des enfants nés à la *Libération*, qui finissaient par mal penser et qui menaçaient d'empêcher M. Macron de tourner en rond comme un toton dans sa *société liquide*. Les caisses de retraite ne se sentent plus de joie, enfin un grand courant d'air pur sur les finances publiques…

Retour à la case hexagonale

Et chez nous, dans notre pétaudière hexagonale ? Chacun se tient coi. Enfin pour le moment. Il suffit cependant de naviguer un peu sur les cyber ondes pour supposer que le feu soit en train de couver. Parce qu'enfin il est de plus en plus clair qu'on nous *bourre le mou* dans les grandes largeurs… parce qu'en fin de compte, le confinement n'aura véritablement et uniquement servi – ce que nous répétons depuis deux mois maintenant – qu'à ralentir la progression d'une épidémie, laquelle autrement aurait très vite saturé les capacités d'accueil d'hôpitaux depuis des années, réduits à la portion congrue…et à pas grand-chose d'autre à part conduire à la faillite un grand nombre de membres de ces odieuses classes moyennes

Suivant les statistiques du ministère de la Santé (octobre 2019), l'Hôpital a perdu 5,3% de ses capacités d'accueil depuis 2013, conséquence de restructurations délibérément entreprises par des autorités en quête de rationalisation budgétaire et de compression des dépenses de santé. On voit aujourd'hui où une gestion strictement comptable (pensons aux plans d'ajustement structurel du *Fonds monétaire international* qui pour soigner les économies malades du Tiers-Monde, tuaient à moitié leurs patients), a conduit l'Hôpital, au bord du gouffre, ses personnels de tous niveaux à battre le pavé au cours de vaines démonstrations de désespoir, et pire, à rendre incapables nos établissement hospitaliers à faire face à une pneumopathie virale pourtant annoncée, pour ne pas dire attendue.

Et ne parlons plus de la délocalisation en Asie de la productions de nos matériels, politique insensée qui montre nos dirigeants sortis des usines de façonnage idéologique (nous parlons de l'idéologie délivrée par les Grandes Écoles et autres institutions

similaires   HEC/U.Dauphine/ÉNA/SciencesPo),
dont la quasi-totalité des enseignements est
consacrée à vanter les vertus inouïes de l'ultra-
libéralisme conçu par l'École judéo-protestante de
Chicago (Milton Friedman - Nobel d'économie en
1976) qui se résume la financiarisation (tout,
absolument tout se vend et tout s'achète), autrement
dit le règne sans partage de Mammon, ce qui a pour
corrélat la déconstruction de l'État national (à
laquelle s'ajoute un vecteur passionnel : la haine), à
une indifférenciation universaliste entre les sexes,
les races, les religions, surtout orientales ou
exotiques, etc. Un grand magma humanoïde au-
dessus duquel plane une hyperclasse triomphante,
gavée certes, mais toujours insatiable... La volonté
de puissance étant une sorte de gaz éthérique destiné
à remplir autant de volume et d'espace qu'il lui est
loisible d'en occuper.

La grande misère du milieu hospitalier

À eux seuls, les établissements publics ont de cette
façon vu disparaître en six ans à peine 13.631 lits
soit 78% de l'ensemble des suppressions, alors que
le secteur public représente 61,5% de la capacité
totale. Mazette ! Sur les 3036 établissements de
soins actifs en France, 17 500 lits d'hospitalisation
non ambulatoire ont été fermés. Une tendance qui
n'a pas fléchi entre 2017 et 2018, avec la disparition
de 4172 lits supplémentaires. Les établissements
privés à but non lucratifs (associations...) et
lucratifs *se partageant* le reste. Après ces fermetures
les capacités hospitalières ne représentent plus à ce

jour que 395 693 lits. Et pourquoi s'arrêter en si bon chemin ? Un rapport publié en mai 2017 par la Direction de la recherche du ministère de la Santé, considérant que, eu égard à l'allongement de la durée de vie (un raisonnement analogue a prévalu pour fixer l'âge de départ à la retraite et en justifier le recul), les besoins en lits d'hospitalisation complète de chirurgie-médecine, pourraient reculer de 6% à 11%, c'est-à-dire environ 20.500 lits de moins… On prend la mesure de la panique qui a (aurait pu ou dû) submergé fin janvier – malgré leur inoxydable arrogance - les décideurs qui ont mis en œuvre cette politique suicidaire. Pour mémoire, M. Macron fut ministre du président Hollande avec le portefeuille de l'Économie, de l'Industrie et du Numérique d'août 2014 à août 2016, or en mars de cette année 2016 – Bercy était à la manœuvre - l'objectif avoué était de supprimer 16.000 places d'hôpital en trois ans avec pour effet subsidiaire d'importantes suppressions d'effectifs. Dans le cadre du plan de redressement des finances publiques, le gouvernement demandait aux hôpitaux de réaliser 3 milliards d'euros d'économies sur trois ans, entre 2015 et 2017, fixant péremptoirement à 10% le quota des lits de chirurgie et de médecine à supprimer… en raccourci, une coupe de 16.000 lits à effectuer.

Déconfinement/Déconfiture

Que dire de plus ? Si l'on regarde la carte ci-dessous du déconfinement européen l'on voit qu'à partir de la mi-avril partout s'est amorcé un retour à la normale… sauf en France ! Gageons que ces *Petits Messieurs* du gouvernement ne se hâtent que lentement vers des retrouvailles avec la nation et le Pays réel, rendez-vous qu'ils appréhendent à bon escient. Nombreux sont ceux qui demandent des têtes et M. Macron devrait en effet avoir la sagesse de se retirer pendant qu'il en est encore temps, sauf à prendre le risque d'achever sa carrière prématurément et peut-être, dans la cruelle posture de l'infortuné Benito Mussolini. Tout est possible. Nous ne lui souhaitons pas, parce qu'enfin dans cet homme, malgré son affreux nez à la Pinocchio, tout n'est pas nécessairement *à jeter*… En effet, et qu'il en soit remercié – car tout le monde demande sur les ondes radiophoniques « *Mais, funérailles ! Pourquoi le 11 mai ?* » et bien la réponse coule de source… Parce que *le début de la levée du confinement* va coïncider - quel miracle ! – non pas avec le début du ramadan, mais avec la fête juive de *Lag Baomer* célébrant la fin d'une sale épidémie ayant décimé l'entourage de Rabbi Akiva … "*parce que, dans les semaines séparant Pessa'h de Chavouot, relate le Talmud, ses disciples ne se seraient pas comporté avec suffisamment de respect les uns envers les autres*"…

Le jour de Lag BaOmer, l'épidémie cessa [lemondejuif.info16avr20] ! Ce qui nous permet, pour une fois, de terminer sur une note optimiste !

L'Europe à l'heure du déconfinement

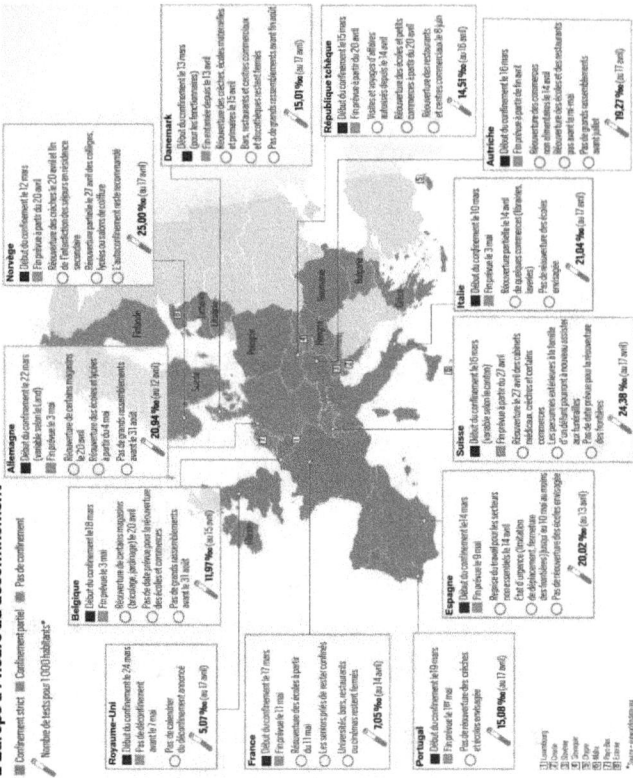

Confinement strict ▪ Confinement partiel ▪ Pas de confinement

Nombre de tests pour 1 000 habitants*

À ce jour l'INSEE est en mesure de donner tous les chiffres de la mortalité par Codiv19 pour tous les départements et villes, sauf pour les Bouches-du-Rhône dont Marseille… Pourquoi à votre avis ?

27 avril 2020

Covid-2.0 Fin du premier Acte

Dans la France mise au congélateur, les jours se suivent et se ressemblent… ou presque ! Et la France demeure bien la seule nation en état de quasi mort cérébrale puisque l'on déconfine un peu partout en Europe, et à tour de bras, ayant fait ce calcul simple que les conséquences de la quarantaine généralisée seront ou pourraient être à court terme plus lourdes que celle de l'épidémie elle-même… Conséquences économiques et humaines parce que combien de cadavres découvrirons-nous encore lorsque se rouvriront toutes les portes ? Combien de vieillards, combien de malades et d'oubliés iront nourrir les statistiques de leur létalité collatérale passée inaperçue ?

L'on n'en finit pas non plus de repasser la leçon quant à la capacité de nos élites à enchaîner mensonges sur mensonges, chaque erreur dysfonctionnelle en entrainant une nouvelle avec un caractère de gravité croissant : retard et impréparation – « *Nous sommes prêts* » ressassaient-ils sur les écrans – conduisant à la solution palliative du confinement général, celui déterminant un arrêt brutal de l'activité économique, engendrant à son tour une forte récession dont l'ampleur n'est pas encore vraiment discernable, enfin des mouvements sociaux qui ne manqueront pas d'être durs.

Déjà prétextant un accident de la circulation – aussitôt requalifié en *bavure policière* – entre un multirécidiviste (quatorze condamnations pour vols et violences) et un véhicule de police, une dizaine de banlieues s'embrasent[62]... ce qui n'auraient rien de très surprenant si pour le coup il n'y avait dans ces événements de la "valeur ajoutée". En l'occurrence un fabricant de cocktails Molotov livraient ses produits au moyen de sa fourgonnette

---

[62] Chaque soir depuis le 18 avril, date à laquelle "jeune" a été blessé au cours d'une interpellation à Villeneuve-la-Garenne, à Nanterre, à Gennevilliers, à Aulnay-sous-Bois, les forces de l'ordre sont au taquet... « La crise sanitaire a entraîné une baisse de l'activité c'est-à-dire des flux de consommation de stupéfiants. L'approvisionnement est un peu plus difficile qu'avant mais ceux qui tiennent les réseaux continuent de s'approvisionner à l'étranger, au Maroc en particulier, assurant l'acheminement des produits en voiture via l'Espagne. Le trafic a baissé faute de clients mais pas par manque de stupéfiants. Dans ce contexte, les *incidents* sont un écran de fumée pour cacher masquer une incessante réorganisation du trafic et des gangs. Mais il y a des disparités de revenus au sein d'une même cité ou entre deux cités... l'un vend pour 25 000 euros par jour, un clan concurrent à 500 mètres fait 50 000 par jour. Ils vont se battre, les uns pour récupérer une part de marché, les autres pour la garder. Derrière les incidents visibles il y a toujours des règlements de comptes » [infodujour.fr25avr20]

professionnelle… appartenant à la firme Amazon ! Ceci pour l'anecdote, néanmoins significative. Et dire que l'on geint dans les médias sur ces banlieues "pauvres" pourtant abondamment abreuvées d'allocations et de subventions en tous genres (s'y ajoute ces jours-ci une aide alimentaire de 39 millions d'euros destinée aux plus *précaires*, soit ceux qui n'ont pas accès au chômage partiel, autrement dit les travailleurs *non déclarés…* Les gentils narcotrafiquants et cambrioleurs sont-ils *éligibles* à ces secours ?)… Il faudrait étudier de près le parc automobile du *9.3*, le département soi-disant le *plus pauvre de France*, pour se faire une idée plus précise de ce qu'est exactement ladite pauvreté à l'ombre des barres de HLM… dans ces *territoires* réputés *perdus de la République* !

Invité le 23 avril à propos « *des tensions [qui] ne sont pas d'un niveau de gravité exceptionnelle* » sur le plateau de BFMTV/RMC, le ministre de l'Intérieur Christophe Castaner ne trouva rien de mieux à dire à son auditoire que « *les tensions actuelles dans certains quartiers populaires* [on appréciera la désignation de *populaire* pour ces zones de non-droit] *étaient dues à l'effet du confinement, la* "dureté" du confinement *pour ces jeunes gens… des petits groupes qui pensent que ce serait* "ludique" *d'attaquer les forces de police, de brûler des poubelles* ». Insistant ensuite sur la « *galère… cette pauvreté dans laquelle ils vivent auprès de leurs proches et qui peut provoquer de la colère… mais, la bonne réponse, ce n'est pas de casser, de brûler la voiture du voisin…* [Conclusion et indulgence plénière] *le gouvernement se doit aussi d'accompagner ces jeunes* ». Monsieur de La Palice n'aurait pas dit mieux. M. Castaner s'emploie à banaliser et à excuser l'inacceptable. Comprendre c'et pardonner, pardonner c'est admettre ! Cela se passe de commentaire, au demeurant un jour très prochain, le *maintien* – vaille que vaille - de l'ordre ne suffisant plus, il deviendra nécessaire de procéder à son *rétablissement*… À balles réelles ?

Confinés oui, mais pourquoi ?

Au final, quel aura été l'intérêt de ce confinement ? On nous dit que soixante-mille vies auront été épargnées. Certes ! On peut dire et extrapoler à ce sujet presque n'importe quoi sachant que – les témoignages abondent – nombre de décès auraient été indûment inscrits au bénéfice du Covid-19, histoire de grossir les chiffres et d'entretenir cette sale peur si utile à faire se tenir coites des populations tétanisées par un matraquage médiatique permanent. … Or, il se pourrait que « *la décision de confinement général, ordonné par le gouvernement, a été basée sur le taux de mortalité surestimé du Covid-19* »[63]. Des chiffres *gonflés*

---

[63] Ce propos tenu par le Dr. Annie Bukacek aux États-Unis vaut évidemment aussi pour la France… » *Des décisions historiques de confinement sont prises en raison de ces chiffres alors qu'ils sont erronés, basés sur des données insuffisantes et souvent inexactes. Les gens savent combien de possibilités et de marges de manœuvre individuelles sont accordées au*

donc, preuve s'il en était que la crise a été en partie créée, grossie, exploitée et manipulée à dessein par les classes politiques occidentales, et pas seulement dans l'intérêt supérieur de la protection sanitaire des populations.

Et cela a fonctionné... un temps ! Reste qu'aujourd'hui, dans sa traversée du gué, en sautant de mensonge en mensonge, le gouvernement rencontre quelques difficultés à maquiller la réalité dans toute sa crudité face à une opinion de moins en moins disposée à admettre la version politiquement correcte des faits et commence à refuser le maquignonnage des faits par des politicards carnavalesques et bonimenteurs... Parce qu'avec le nouveau millénaire, la Toile est passée par là, elle est devenue un authentique et irrécusable contrepouvoir limitant *en temps réel* l'aptitude des *élites* à mentir *ab libitum.* Ceci, en dépit des efforts déployés pour la brider et avec elle la libre parole, pour la censurer à tour de bras... mais rien n'y fait, ni les tribunaux, ni les amendes, les exclusions, les mises au ban, ni même comme dans l'ex Union soviétique, les hôpitaux psychiatriques n'y parviennent[64].

---

médecin ou au médecin légiste qui signe le certificat de décès... » [http://www.geopolintel.fr/article2220.html].

[64] Le Conseil national de l'Ordre des médecins a menacé de suspension les auteurs de « *protocoles de recherche clinique*

Il est patent que nous eussions pu faire l'économie de cette mise en panne intégrale du pays –quoique le gel des conflits sociaux arrangeait bien les affaires d'une classe politique discréditée jusqu'à l'os – même si ce fut une belle occasion (manquée) pour la République en Marche d'apparaître comme l'équipe salvatrice de la Nation. Non seulement ces gens n'ont rien sauvé mais ils ont précipité le pays dans l'abîme... Au sortir du plus gros de la crise sanitaire, moins de 6% des ressortissants français auront été contaminés, au contraire de la Suède qui a joué sur une immunisation étendue de sa population et où aucune restriction de déplacement n'a été imposée[65]. Cela signifie que : si la *grippe*

---

illégaux » visant explicitement le Pr. Raoult pour le recours dans les soins prodigués à ses patients à une substance illicite. Bref pour ses recherches et essais sur la chloroquine comme remède à la coronavirose. L'organisme "de défense et de régulation de la profession médicale" évoque à son encontre une « suspension immédiate de l'activité de ces médecins » administrant des traitements non validés *scientifiquement*. À Bâle, en Suisse, le 25 avril, le Dr Thomas Binder, cardiologue à Wettingen - lequel dénonçait sur Facebook et Twitter « *la panique orchestrée* » autour de l'épidémie de coronavirus - a été interpellé par une unité de la police cantonale et placé dans un établissement psychiatrique... les rues avoisinantes et la gare toute proche avaient été bouclées pour l'occasion... Rien que cela !

[65] « *En l'absence de traitement - le traitement par l'hydroxycloroquine étant rejeté par les institutions - la seule possibilité de voir ce type de pandémie disparaître est de parvenir à une immunité de collective grâce à une large contamination... en principe quand celle-ci atteint les 2/3 soit*

coronale devait revenir de façon saisonnière – et l'on en sait encore trop peu sur ce nouveau virus pour ne pas le craindre – son incidence serait sans doute assez forte et qu'il faudrait alors et à nouveau strictement confiner l'ensemble de la population.

Le fringant petit « maître des Horloges »

Nous ne reviendrons pas sur les méthodes employées ailleurs en Asie (ou en Allemagne[66]) de

---

de 70% à 75% de la population concernée. Pourrait conduire à une contagion "restaurée" sans doute très supérieure à la précédente vague comme on le voit déjà en Chine à Harbin... Quelle maîtrise l'état aura-t-il de cette situation sauf à imposer un nouveau confinement encore plus sévère que le premier ? » Claude Timmerman.

[66] Les dirigeants allemands n'étaient pas – eux - mobilisés par une fronde sociale élargie, par une réforme intempestive des retraites (fort mal conduite) lorsque déferla la crise du Covid-19. Ils disposaient d'une capacité de diagnostic politique et social dont se trouvait privé le pouvoir politique français. Le gouvernement fédéral, mais aussi les *Länder*, ont fait ce que la médecine prescrit en pareille circonstance, optant non pour un

dépistage systématique, d'isolement des seuls contaminés (réellement ou potentiellement), mais force est de constater que le gouvernement français, bien épaulé en cela par ses institutions médicales et sanitaires conventionnelles, a eu tout faux dans la gestion de cette crise. L'État aura réussi une extraordinaire martingale de choix erronés qu'il a très vite tenté de travestir s en autant de victoires successives, de défis victorieusement relevés… sauf qu'à présent le roitelet élyséen est nu, désespérément nu, qu'il ne peut plus désormais faire illusion que chez les dupes volontaires (ou les *minus habens*) et que de plus en plus d'écailles tombent des yeux ! Dernier exploit en date, alors que le Comité scientifique se prononce pour une rentrée scolaire en septembre (à l'instar de l'Italie), M. *Micron*, comme pour le maintien à contre-sens des

---

confinement de masse, mais en faveur d'un dépistage systématique très en amont afin que les malades soient isolées et traitées dès les premiers symptômes. Pour ce faire l'Allemagne a su mobiliser ses ressources de production industrielle des tests… au demeurant moins *tatillons* et plus *rustiques* que ceux préconisés par les bureaucrates français de la Santé. Mis au point par des scientifiques et des industriels dès la fin du mois de janvier, leur production massive a été rendue possible parce que le pays n'avait pas sombré dans les mirages de *l'économie de services* et au contraire de la France, l'Allemagne avait su conserver un tissu dense de PME et de PMI qui, sacrifié en France, lui font aujourd'hui cruellement défaut ! On l'a vu avec la liquidation par l'Américain Honeywell de l'usine bretonne de Plaintel, une fabrique de masques médicaux (notamment respiratoires), fermée en 2018.

élections municipales, décide que ce sera bien… le 11 mai ! Un déconfinement à l'envers à l'image d'une présidence tourneboulée qui ne parvient plus à donner le change ne sait comment échapper au sort prévisible qui la guette peu ou prou.

La politique du pire, la pire des politiques

Faut-il de nouveau rappeler que le confinement n'a été décrété qu'en raison du délabrement[67] de l'institution hospitalière et de ses capacités d'accueil réduites eu égard à une politique volontariste de "flux tendu" ? Il faudra se rendre compte – hélas bien tard - que l'Hôpital n'est pas une entreprise comme les autres, pas plus que l'agriculture ne doit pas et ne peut pas *vivre* (et non fonctionner) sainement suivant des normes industrielles. Il en va, là également, de notre sécurité alimentaire et sanitaire (souvenons-nous de

---

[67] Pour le Pr. Stefano Montanari l'hécatombe qui a endeuillé l'Italie s'expliquerait également par l'actuel état de grande misère générale du système de santé dans la Péninsule… Mettant les pieds dans le plat il vitupère les contre-vérités relatives au Covid-19. À l'entendre toutes les mesures barrières seraient aussi inefficaces qu'un « *grillage en bois contre les moustiques… Non seulement les masques, les gants et le confinement ne servent à rien contre l'épidémie, mais il n'y aura jamais de vaccin* »… » *À quoi bon porter des gants qui sont un véritable foyer de virus, alors que notre peau est intelligente ? Quant au masque, si celui qui le porte est contaminé, il devra le changer toutes les deux ou trois minutes, sinon cela ne servirait à rien* ».

l'épisode dans les années 90 de la *vache folle* et l'épidémie à prions d'encéphalopathie bovine spongiforme !).

En France, la mise en *quarantaine* du pays tout entier (appelons-les choses par leur nom) a *aussi* été pensée (nous nous dispensons de l'adverbe "certainement") pour un double ou triple emploi, *bis repetita*... À savoir le report *sine die* de toutes les contestations sociales, du débat sur la réforme des retraites, les défilés de fonctionnaires en colères (policiers, pompiers, personnels infirmiers – tous amplement lacrymogènisés, verbalisés et matraqués - médecins, avocats et autres professions libérales) sans voir que reporter la résolution de ces problèmes ne ferait que tendre davantage le ressort du courroux populaire... le confinement n'a été qu'un palliatif destiné à masquer les carences d'un système hospitalier réduit ces dernières années à la portion congrue afin de plier ce service public essentiel à d'exorbitantes exigences de rentabilité (il faudrait procéder à une sévère révision de ce modèle de gestion et à l'idéologie du rendement économique à court terme qui le sous-tend).

Ce serait également l'occasion de revoir de fond en combles la matrice libéraliste qui a conduit et justifié la mise à l'encan du patrimoine industriel et incorporel (savoir-faire et brevets), des terres arables et des vignobles, voire de l'exploitation à des fins mercantiles de notre patrimoine culturel - la fonction hospitalière n'étant que l'un des multiples sous-ensembles constituant le tissu organique, économique et social, du pays - avec en perspective une privatisation rampante du secteur. Le rôle des Directions régionales de la Santé [DRS] a été à ce sujet vivement critiqué durant la crise (ainsi le directeur du Grand Est, Christophe Lannelongue a-t-il été *démissionné* le 8 avril sans tambour ni trompette pour avoir déclaré qu'il n'y avait « *pas de raison de remettre en cause* » les suppressions de postes au CHRU de Nancy[68]).

Au cours de cet épisode de pandémie, les Agences régionales se sont en effet apparemment rendues coupables d'un *"incompréhensible d'immobilisme"*… chose plutôt surprenante pour des services aussi structurés et aux effectifs particulièrement étoffés ! L'Allemagne, quoique pilier industriel du *pacte* euratlantique, consacre le même budget à la santé que la France (environ

---

[68] Cette tendance à la privatisation (cette dérive) de la fonction hospitalière sous la houlette de l'administration sanitaire et sociale est manifestement à l'œuvre en Île de France et à grande échelle : la DRS dont le rôle est a priori d'assurer une distribution spatiale rationnelle des structures de santé, a accordé (évidemment sans la moindre justification de sa décision) une autorisation à caractère dérogatoire pour la construction de la gigantesque clinique Paré-Cherest à Neuilly-sur-Seine, à proximité immédiate – quelques centaines de mètres - de l'Hôpital américain et de l'Hôpital franco-britannique… beaucoup s'interroge à ce propos sur l'absence de transparence d'une politique qui est celle - apparemment - du passe-droit si ce n'est d'une forme cynique et discrète de corruption.

10%), mais avec quels résultats ! Sauf qu'en France, les administratifs représentent 34% des personnels pour 66% de soignants. En République fédérale 17% contre 83 % et au bout du compte, moins de morts qu'en France pour une population plus grande (83 millions en Allemagne, 67 millions en France) et moins de morts par cent mille habitants : France 31,8 ; Allemagne 5,3 soit 6 fois moins et ce, avec un confinement extrêmement léger, sans sanction pécuniaire à la clef pour les indisciplinés ou les imprudents[69]. Brièvement, en France nous avons été confinés à la fois parce que le système de santé a été sacrifié et que simultanément il souffre, dans son administration d'une extravagante surcharge pondérale, laquelle n'est pas sans rappeler celle du *mammouth graisseux* qu'est le département de l'Éducation nationale.

---

[69] Témoignage d'un internaute, *Edmond Richter, en date du 25 AVRIL 2020 : « En Allemagne : Pas de confinement : On a le droit de sortir aussi longtemps que l'on veut, aussi loin que l'on veut... une unique restriction : seul ou avec une personne de ton choix. Pas d'attestation à remplir, pas d'amendes de 135 euros, pas d'interdiction de visiter ton père malade ou mourant... ».*

**En Californie confinement…
et déconfinement le 26 avril 2020**

Confinement/déconfinement

Le gouvernement souffle le chaud et le froid : confinement/déconfinement, masques avec ou sans, tests ou pas, et cætera… des injonctions contradictoires conduisant à ne pas obéir aux ordres avant les contre-ordres et déstabilisant l'opinion en profondeur… s'y ajoutent des experts péremptoires et souvent hargneux qui n'hésitent pas à défier ou à malmener le sens commun le plus élémentaire (les campagnes de dénigrement contre les Pr. Montagnier et Raoult en sont un bel exemple[70]), des

---

[70] Le 17 avril, sur *CNews*, le Nobel français de médecine, Luc Montagnier, désignait la Chine comme source du coronavirus qui aurait été créé dans le laboratoire Sanofi/Lévy/Buzyn P4 de Wuhan d'où il se serait *échappé*. Réagissant au micro de *Boulevard Voltaire*, Laurent Alexandre, urologue fondateur du site Doctissimo, politicien à son heure, y dénonce âprement la thèse du professeur Montagnier et sa personne… « *Cela fait longtemps que la communauté scientifique française et internationale sait que le professeur Montagnier ne va pas très*

querelles et des cabales qui opposent une médecine scientiste et collectiviste (d'aucuns diraient collégiale et/ou consensuelle) s'abritant derrière des protocoles déresponsabilisant le traitant et le praticien (leur retirant toute *autonomie* de décision et de choix, en un mot leur intrinsèque liberté de prescription)… devenus pour l'essentiel des détaillants de produits vendus (via les visiteurs médicaux) par les laboratoires pharmaceutiques (de même que l'officine pharmaceutique n'est plus qu'un commerce de distribution, là où naguère se préparaient de savantes mixtures prescrites pas les médecins généralistes)… À l'instar du paysan devenu lui-même un sous-traitant – pour ne pas dire une sorte de métayer - de l'agrochimie, des industries tractoristes ou des semences génétiquement modifiées ! Ces savoirs bureaucratisés et techniciens - assujettis à de rigides protocoles ou *cahiers des charges* dont nul ne saurait s'affranchir sauf à tomber sous le coup de la vindicte corporative - s'opposent diamétralement à

---

bien. Je rappellerai qu'il y a déjà trois ans, Le Figaro *avait publié un article à son propos en parlant de naufrage. La situation était déjà grave. L'opinion accorde de l'importance à ce professeur, et n'a pas compris qu'il est, sur le plan cognitif, à la dérive depuis plusieurs années. Entre le professeur Montagnier et les débats autour du professeur Raoult, la communauté scientifique semble plus divisée que jamais sur la conduite à adopter face à cette pandémie… »*. Pour faire court, les deux scientifiques sont mis dans le même sac, Montagnier est gâteux et Raoult, un faiseur et un hâbleur marseillais !

ces fortes et brillantes individualités – tels Montagnier/Raoult -qui incarnent le génie de la connaissance hors des sentiers battus et parcourus par nos modernes troupeaux de *pucés, tatoués, marqués, étiquetés à l'oreille*. Ceux que promeuvent la science officielle et la médecine bureaucratisée.

Le scientisme et le rationalisme n'ont rien à voir avec la science et la raison pure. Ce pourquoi il nous faut appeler de nos vœux une révolte de l'intelligence à venir contre l'obscurcissement dogmatique, contre cette opacification du rapport de l'homme au réel qu'engendre une pensée *collectivisée*, devenue outrancièrement technicienne, ayant banni l'intuition pour finalement devenir plus ou moins stérile ou incapable de réagir devant l'imprévu, qu'il soit pandémie ou autre. Maintenant il faudra voir quelle est la part jouée dans cette mauvaise foi systémique, par l'intérêt dominant des grands groupes dont la raison d'être est la commercialisation de substances et de procédés de plus en plus onéreux… géants de la pharmacie et des équipements médicaux qui financent et arrosent toute les professions du secteur Santé et surtout n'entendent pas que leurs mirobolants marchés puissent être entamés ou concurrencés par quelques grammes de quinine ou, comme à Madagascar, par l'*Artemisa annua*[71]

---

[71] « *On peut changer l'histoire du monde* ! » Le président malgache Andry Rajoelina a officiellement lancé lundi - *à*

(l'Armoise annuelle), un autre antipaludéen phytothérapeutique utilisé dans la pharmacopée chinoise. Signalons que l'Artémisia, connue également pour ses potentialités anti-carcinogéniques, est interdite en France (tout comme la chloroquine vient de l'être depuis le 13 janvier 2020 - après soixante-dix années de bons et loyaux services et de vente libre - par un décret rédigé par les ervices juridiques de Dame Buzyn, ex ministresse de la Santé) et par l'OMS. D'autre part nul n'ignore la part prise par l'idéologie mondialiste dans les politiques élaborées et poursuivies par l'OMS, relai de la religion vaccinale prêchée par la gauche Démocrate américaine et singulièrement parle milliardaire Bill Gates

Au demeurant ces batailles d'experts se situent bien au-delà des querelles de personnes (Lévy ex patron de l'Inserm versus l'indépendant Raoult), mais opposent deux univers intellectuels (et ce, depuis la nuit des temps) antagonistes et certainement incompatibles… De quoi rendre *maboules* des populations ballotées de droite et de gauche et qui ne savent plus *à quels saints se vouer*. Raoult soigne et guérit (même si cela est aussi contesté) et Montagnier fut un irréfutable pionnier et grand découvreur. Sachant que la confusion des discours

---

grandes gorgées - le *Covid-Organics*, une potion à base d'Artemisia annua… Que l'on puisse guérir du Covid « *en sept jours* » fait évidemment grincer beaucoup de dents.

est aussi un moyen – certes sommaire et ayant ses limites ! - de diriger les foules en les affolant, en faisant alterner la peur et le désir de sécurité, avec pour support un déferlement de messages dramatiques et lancinants (de quoi pousser prématurément dans la tombe les vieilles personnes enfermées dans leur chambre, à domicile ou pire dans le EHPAD, les yeux en permanence rivés sur des écrans télévisuels diffusant en boucle des mots et des images désespérants pour ne pas dire mortifères), une saoulographie de débats circulaires, répétitifs *ad nauseam*, conduits dans une langue bâtarde, caviardée de termes anglais, à la syntaxe déficiente…

La grippe de Hong-Kong

Durant l'été 1968 jusqu'au printemps 1970 la grippe de Hong-Kong aura fait en France 38000 †️ en deux vagues successives. Qui s'en souvient ? La propagande et l'hystérie médiatique étaient alors loin de leur actuel paroxysme. Troisième *peste* du XXe siècle après la Grippe espagnole (de 40 à 100 millions de morts entre 1918 et 1920) et la Grippe asiatique (2 millions de morts en 1957), le H3N2 balaye la planète et fait un million de victimes aux dires de l'OMS.

En deux mois, la grippe asiatique cause 31.226 morts en France soit deux fois plus que la canicule de 2003 [cf.liberation.fr7déc05]… « À l'époque, nul ne s'en émeut… ni les médias. La presse française durant l'hiver 1969, à l'apogée de la crise sanitaire, consacre des articles *sporadiques* à l'*épidémie* ». Le terme "pandémie" n'est pas encore à l'ordre du jour… Un témoin relate : « *On n'avait pas le temps de sortir les morts. On les entassait dans une salle au fond du service de réanimation. Et on les évacuait quand on pouvait, dans la journée, le soir…Les gens arrivaient en brancard, dans un état catastrophique. Ils mouraient d'hémorragie pulmonaire, les lèvres cyanosées, tout gris. Il y en avait de tous les âges, 20, 30, 40 ans et plus. Ça a duré dix à quinze jours, et puis ça s'est calmé. Et étrangement, on a oublié* » [ibid.]… Bilan : 25.068 morts en décembre 1969 et 6158 en janvier 1970, soit 31.226 en deux mois.

Nous sommes aujourd'hui loin de cette tragédie qui ne connut, au contraire de l'actuelle grippe coronavirale, aucun *traitement* particulier, ni politique, ni policier et encore moins militaire. Dit d'une autre manière, sans mesures autoritaires extraordinaires qui laissent imaginer – complotisme oblige – que les États ne soient pas, à un moment ou à un autre tentés d'utiliser une crise sanitaire pour la transformer en dictature sanitaire puis en tyrannie tout court… l'état d'urgence permanent n'est-il pas, depuis le carnage du Bataclan, passé dans nos mœurs et dans nos lois ? De la pérennisation des lois d'exception… !

3 mai 2020

Le jour d'après...

L e *déconfinement* hexagonal est comme toute ligne d'horizon, il recule sans cesse. L'état d'urgence sanitaire vient d'être prorogé jusqu'au 23 juillet. Et après ? Bientôt les Français, à l'exception des banlieues chaudes dont les lieux de culte seront réouverts le 11 mai au contraire des églises, seront les seuls à demeurer séquestrés à domicile... Dans le cas explicite où ils ne feraient pas montre de suffisamment de *discipline*, c'est-à-dire de docilité. Un comble pour une nation où une majorité se voulait « Charlie » ! Le Premier ministre s'est fait clairement menaçant à ce sujet. Ces *gens* se sont octroyé les pleins pouvoir en invoquant une menace qu'à l'arrivée il faut bien qualifier de relativement imaginaire... Mais il serait inconvenant de se laisser aller à penser qu'il pût s'être agi de grandes manœuvres de contrôle mental de masse à échelle planétaire. Et pourtant la dictature sanitaire à pour foyer rayonnant Genève, siège de l'Organisation mondiale de la Santé, et non Wuhan source supposée de la pandémie coronavirale. De ce point de vue, le temps semble venu d'établir le bilan, ne fût-il que partiel, d'une crise dont nous pouvons en tirer déjà quelques enseignements quant à la dérive subrepticement totalitaire de certaines démocraties occidentales.

À ce titre, nous apprenons incidemment que les Hollandais à l'instar des Allemands, des Suisses, des Autrichiens, des Danois n'ont jamais été véritablement soumis à des mesures strictement restrictives[72]. Tandis que nous autres, pauvres de nous, le fûmes, et durement encore ! Une crise sanitaire particulièrement bien venue pour souffler la flamme d'une année de fronde des Gilets jaunes et faire oublier les mois qui suivirent de paralysie

---

[72] Au contraire des Pays-Bas, le royaume de Belgique adopte le 17 mars un confinement autoritaire à la française : interdiction de circuler sauf en cas d'urgente nécessité ; interdiction de se réunir à plus de deux personnes ; interdiction de rejoindre sa résidence secondaire ; fermeture de tous les établissements d'enseignement ; fermeture de toutes les entreprises non indispensables ; lourdes pénalités pour les contrevenants… Après quarante jours de confinement belge et de non-confinement néerlandais, les chiffres publiés par l'OMS [*Covid-19 situation report 100*] permet de comparer l'efficacité sanitaire des mesures adoptées en se basant sur l'évolution de la prévalence (nombre de contaminés par million d'individus) et de la mortalité par million d'habitants. Après 43 jours de confinement (29 avril 2020), la prévalence de l'infection en Belgique dépasse de 82% celle des Pays-Bas (4084 contre 2243), et le risque de mortalité atteint en Belgique 137% (633† contre 267). Conclusion : *le confinement autoritaire apparaît ici clairement comme un échec particulièrement contreproductif tant pour le contrôle de l'épidémie, que pour la prévention du risque de mortalité transformant ce qui devait n'être qu'une banale épidémie en véritable catastrophe sanitaire, sociale et économique majeure* [agoravox.fr30avr20].

sociale et économique orchestrée par des syndicats compradors. Des organisations fantômes subventionnées par les deniers publics pour mieux détourner et dévoyer la légitime colère populaire dans le but de lui faire endosser des revendications relatives au maintien de privilèges corporatistes exorbitants... tels la retraite à 55 ans et à 3000 € en moyenne pour les agents de la SNCF[73].

Un ébouriffant échafaudage de trucages statistiques

Cette odieuse politique de privation collective de liberté repose en effet sur un échafaudage de trucages assez ébouriffant... qu'on en juge ! *Le Monde* rapportait discrètement le 2 mai l'analyse de Jean-Marc Robine, directeur de recherche à l'Institut national de la santé et de la recherche médicale, selon laquelle - contrairement à ce qu'en dit Jérôme Salomon, Directeur général de la Santé et porte-parole officiel de son département ministériel durant la crise sanitaire – que la majorité des décès proviennent des "établissements d'hébergement des personnes âgées dépendantes" :

---

[73] En 2018, l'âge moyen de départ à la retraite à la SNCF était de 58 ans et 2 mois pour le personnel sédentaire et de 53 ans et 7 mois pour le personnel roulant, ceci avec une pension médiane de 2636 euros mensuels. En 2017, la Cour des comptes établissait cet âge moyen à 57,7 ans pour EDF (3692€/mois), 56,9 ans à la SNCF et 55,7 ans à la RATP (3705€/mois dès 54 ans), contre 59,2 ans dans la fonction publique hospitalière.

« *En France, le 29 avril, le bilan cumulé de l'épidémie s'élevait à 15.053 décès à l'hôpital et 9.034 dans les EHPAD, soit 24.087 personnes. Cette présentation revient à négliger le nombre important de résidents malades des EHPAD qui sont envoyés pour être soignés dans un service hospitalier et y finissent leur vie. On en dénombrait 3.121, toujours au 29 avril. Ce qui signifie qu'en réalité, 12.155 résidents d'EHPAD sont morts de cette épidémie, c'est-à-dire plus de la moitié de la totalité des décès ! Et ce phénomène s'observe depuis le 17 avril* [date à laquelle les autorités ont commencé à comptabilisé ces morts hors hôpital]. *Les résidents des EHPAD sont en fait les plus touchés* ».

Conclusion, l'*On* a confiné à tour de bras une nation entière, sans aucune distinction de contagiosité individuelle, ni par région, classes d'âge ou de métiers, paralysé et endommagé l'économie, terrorisé la population alors que le virus s'attaquait (ce que font tous les virus depuis des lustres) majoritairement (outre ceux qui présentaient des caractères de vulnérabilité, en raison notamment d'une ou plusieurs comorbidités) à de très vieilles personnes dépendantes placées en EHPAD !

Dans le même ordre d'idée, le Dr. Dan Erickson établit que le taux de mortalité du virus est en Californie inférieur à 0.1% et que quantité de médecins se sont vus contraints - contre toute évidence - de porter des diagnostics de Covid19... S'y ajoute que les unités de soins intensifs dans de nombreux états américains seront restés largement sous-occupés tout au long de la crise. Sur la base des taux de tests positifs, le Dr Erickson a ainsi calculé qu'en Californie, le taux de létalité du Covid-19 serait actuellement de 0,03% ; 0,05% en Espagne ; 0,09% en Suède et 0,1% dans l'état de New York, sachant que le taux de létalité de la grippe aux États-Unis est d'environ 0,13% ! Dans ces conditions la probabilité de survivre au coronavirus (avec ou sans symptômes apparents) serait supérieure à 95% [25avr/swprs.org/a-swiss-doctor-on-covid-19/#latest] !

La crise a aussi actualisé des tendances à la sécession déjà latentes en Amérique et singulièrement aujourd'hui dans une Californie (représentant en 2018, 14,5 % du Produit intérieur brut des États-Unis, ce qui la situe au cinquième rang de la puissance économique mondiale) peu encline à se soumettre inconditionnellement aux oukases de l'État profond global et de son bras-armé sanitaire, l'OMS. En raccourci, les Californiens n'hésitent plus à parler ouvertement de s'affranchir une fois pour toutes de la tutelle de Washington… Le "Los Angeles Times", deuxième support de presse des États-Unis (après le New York Times) ne craint pas de titrer qu'une « *chose est à présent parfaitement claire... Le temps est venu de démembrer l'Union* » ![74]

État-Nations ou *melting pot* européiste

Nous devrions en prendre de la graine - ayant tiré les enseignements ad hoc de la vive expression des solidarités européennes durant la crise - et nous débarrasser de Bruxelles, revenir au Franc assorti d'une monnaie commune, jeter aux orties les mortelles billevesées européistes qui ont conduit les eurocrates, au plus fort de la crise, le 28 avril, à finaliser un accord de total libre-échange avec le Mexique... Au terme duquel 20.000 tonnes de viande bovine (jusqu'à aujourd'hui interdites d'importation en raison de leur non-conformité aux normes sanitaires de l'Ue) pourront être importées chaque année, au grand dam évidemment des agricultures locales. Cela à un moment où, paraît-il,

---

[74] « *The coronavirus pandemic has made one thing perfectly clear : It's time to split the country* » : « Nous [Américains] sommes désespérément impuissants et irrévocablement divisés. Il est temps de cesser de parler de se rassembler, mais plutôt de recourir à une action rationnelle. Il y a environ trente ans, l'Union soviétique s'est attaquée à ses divergences régionales irréconciliables et s'est disloquée en se divisant en quinze républiques indépendantes. Pourquoi ne pouvons-nous pas le faire ici ? ». Une éventualité que, dans les circonstances actuelles, il est impossible d'ignorer. Rappelons que le Texas montre des velléités permanentes de sécession et qu'en 2012 des pétitions circulaient dans quelque vingt états américains, exigeant de recouvrer une totale indépendance vis-à-vis du pouvoir fédéral [bbc.co.uk13nov12].

nous aurions grand besoin de moins de dépendance économique hors frontières. Dans de circonstances où il s'agirait de relocaliser d'urgence nos productions, de nous abstenir de détruire nos secteurs vitaux dont la disparition vient de se faire cruellement sentir, ceci afin d'assurer notre sécurité sanitaire et alimentaire et finalement, revenir à une saine autosubsistance… Au demeurant, la Commission de Bruxelles nous assène, sous les applaudissements de la République en Marche et des Républicains unis comme toujours dans l'aberration, que *« l'autonomie stratégique ne signifie pas que nous devions faire de l'autosuffisance notre objectif »*. Ah bon ! Et pourquoi non ? En 1968, les porcs bretons crevèrent de faim parce que nos bons amis d'Outre-Atlantique avaient mis un embargo sur les tourteaux de soja. De toute évidence, nous autres Européens, n'avons jamais rien compris, ni appris.

À propos de cette Union autolytique (suicidaire), l'économiste Charles Gave déplore opportunément [institutdeslibertes.org30mars20] : *« Pourquoi avons-nous abandonné nos souverainetés sur notre Droit, nos frontières, notre monnaie, notre budget ? Et au nom de quoi exactement* [nos gouvernements] *prélèvent-ils des impôts sur nous ?* [Au cours de la crise] *les seuls à avoir agi ont été les états représentant des nations, cela en fermant les frontières avec leurs voisins, en interdisant les exportations de produits médicaux afin de les garder pour eux… ce qui est d'ailleurs interdit par les traités, mais bénéficiait du soutien total des populations concernées... L'idéologie européenne vient de connaitre sa Bérézina. Bruxelles a perdu toute légitimité et l'effondrement de la légitimité précède toujours les disparitions politiques[75]* ». Le ciel l'entende, mais n'est-ce pas lutter contre des forces marémotrices ?

Qui est responsable voire coupable de ce gâchis ?

Les uns accusent la Chine, sans pour autant la soupçonner d'avoir déclenché ce séisme pour mieux vendre ses masques, ses substances médicamenteuses de base, ses génériques, avec en objectif de lui présenter la facture... salée ! Dans cette optique, l'état du Missouri porte plainte contre la Chine pour avoir caché ou tardé à révéler la gravité de l'épidémie. La *Chine pop* s'étant rendue coupable de mensonge (par minoration si ce n'est par omission) doit être sanctionné [boursorama.com27avr20]. *A contrario*, Pékin se démène comme un beau diable et accuse les États-Unis d'avoir apporté la pandémie dans leurs sacs de sport à l'occasion des Jeux militaires mondiaux,

---

[75] Ajoutant : « Ils vont demander à ce que soient émis des *corona bonds* garantis par tous les états européens à la fois, ce qui serait un premier pas vers un ministère des Finances européen puisque la dette n'est que de l'impôt différé. Émettre de la *dette européenne*, revient à garantir qu'à terme nous aurons inéluctablement – pour gérer cette créance collective - un ministère des Finances européen, c'est-à-dire des impôts européens. Un projet fortement poussé par M. Macron ».

lesquels se sont déroulés à Wuhan fin octobre 2019, juste avant le déclanchement de la crise sanitaire mondiale. Bref, l'on se renvoie la balle, la rumeur court, sur fond de recherches interdites et de guerre biologique secrète, de fuite virale inopinée, de trahison et *tutti quanti*.

La Commission européenne, cédant aux pressions de Pékin, a retardé la publication puis remanié un rapport qui épinglait les efforts de la Chine en vue d'échapper à ses responsabilités dans la diffusion du coronavirus. La bureaucratie communiste aurait en effet brandi la menace d'arrêter les exportations médicales vers l'Europe [SouthChinaMorningPost25avr20] si le rapport n'était pas amendé, tandis que diplomates du Nouvel empire du Milieu menaient une très active campagne de communication du type "Wolf Warrior" (*Le Guerrier loup*), reprenant le titre d'une série populaire nationale-patriotique[76] afin d'imposer son *narratif* quant aux tenants et aboutissants de la crise. Il est à noter que le 15 avril, le Bild-Zeitung, avançait que Pékin devrait indemniser l'Allemagne à hauteur de 150 milliards d'euros *à la louche* pour les dommages économiques causés par la pandémie (dont 50 mds

---

[76] À rapprocher du film turc à grand succès violemment anti américano-sioniste « La Vallée des loups » (*Kurtlar Vadisi Irak*) sorti en 2006 et tiré de la série télévisée éponyme.

pour les petites et moyennes entreprises et 24 mds de manque à gagner pour le tourisme…) !

L'article, sous la plume de Julian Reichelt, rédacteur en chef du Bild, se présente sous la forme d'une lettre ouverte au président Xi et se concluait par ces mots : « *Vous régnez par le contrôle. Vous ne seriez pas président sans ce contrôle. Vous surveillez tout et chaque citoyen, mais vous refusez de contrôler les marchés d'animaux vivants et malades de votre pays… Vous mettez en danger le monde entier* » ! Pour notre part que pourrions-nous dire de nos dirigeants, qui nantis de *la force injuste de la loi* et d'un appareil policier extensif, confine le pays, déclare la « guerre » à un virus – comme en 2016 la guerre au terrorisme – et, se *poussant du col*, veulent apparaître comme des sauveurs alors qu'ils ne sont que les organisateurs du chaos… un profond désordre social et économique parfaitement évitable si ce n'avaient été les désastreuses carences intellectuelles d'un exécutif composé en majeure partie d'imposteurs et de truqueurs.

Apocalypse/Révélation

Car la France est un pays occupé de A à Z, au cas où vous ne vous en seriez pas aperçu ! Un pays occupé par la canaille d'en haut et la racaille d'en bas. La première chérissant la seconde on se souvient de M. Macron en octobre 2018 à Saint-Martin, regardant une aimable et moite caillera avec les yeux de Chimène… Alors quoi de surprenant à ce que le Pays réel gronde et que tout parte à vau l'eau ? La majorité des *veautants* a bien les élites qu'elle mérite… et qui lui ressemblent.

**Le président de la République plurielle
dans son élément et dans tous ses états**

Ainsi donc des émeutes - pas *de la faim*, rassurons-nous - ont éclaté à Villeneuve-la-Garenne, Gennevilliers, Rueil-Malmaison, Meudon, Villepinte, Aulnay-sous-Bois, Neuilly-sur-Marne, Fontenay-sous-Bois, Pantin, Champigny-sur-Marne, Bonneuil-sur-Marne, Villejuif, Ivry, Corbeille Essonne, Noisiel, Les Mureaux, Montigny, Trappe et Sartrouville… « *mettant en cause* de *jeunes habitants* des cités et des forces de l'ordre » ! On appréciera le « mettant en cause » ainsi que les forces de l'ordre renvoyées dos-à-dos avec les *jeunes* émeutiers. Marseille se tient mieux, non seulement en raison des bons soins prodigués aux malades par le Pr. Raoult. Notons à ce sujet que la cité phocéenne manque à l'appel des statistiques de morbidité de l'INSEE - et pour cause – de même qu'elle est absente de la rubrique des faits divers pour troubles dans les "quartiers" dits populaires. Des secteurs en l'occurrence tenus par d'avisés commerçants que la chienlit *insupporte*. Nous parlons évidemment des grossistes du narcotrafic transméditerranéen… Un élu régional des Bouches du Rhône, Philippe Vardon, remarquait très justement que « cette crise n'efface pas le *reste*, mais qu'au contraire, elle le met en lumière ».

Il est loisible d'imaginer ce que peut être ce « *reste* », la part non-dite, les sujets qui fâchent, les totems et les tabous, les vaches sacrées, les *égaux plus égaux* que tout autres au sein de nos sociétés qui sont « *à ce point fragmentée qu'à la moindre crise tout explose. Dans une société unie, homogène la solidarité prime. En revanche, dans une société fracturée par l'individualisme et par le multiculturalisme, tout se traduit en tension et en affrontement* » [bv20avr19]. Oui, cela est bien vu et bien dit. Il y aurait d'ailleurs beaucoup à dire sur le rapport de cause à effet existant entre homogénéité ethnique et civisme ou discipline sociale ; Et puis l'occasion était trop belle pour ne pas s'en donner à cœur joie : pendant que les pandores verbalisent le quidam qui promène son chien au-delà du périmètre autorisé, les *djêunes* défient une autorité qu'ils méprisent parce qu'ils ne la reconnaissent ni ne la craignent… Et puis n'est-ce pas M. Macron qui – leur passant une fois de plus la main dans le dos – leur expliquait à Alger, en février 2017, que les Babtous, les Céfrans, les Fromages ne sont qu'un ramassis de racistes et de criminels contre l'humanité[77] ?

Pourquoi alors se montrer surpris si en l'espace de quelques jours deux attentats terroriste intervenaient dans un Hexagone aux frontières ouvertes à tous les vents mauvais du cosmopolitisme et à la nouvelle Internationale bigarrée de tous les lumpenprolétariats ? Une attaque meurtrière au couteau à Romans-sur Isère, deux morts le 4 avril et une autre le 25 à la voiture assassine… Avec une *BMW* véhicule emblématique de ces nouveaux damnés de la Terre… De ceux qui prêtent allégeance à l'État islamique et clament leur volonté « *de se lancer à corps perdu dans la bataille pour imposer la charia sur l'ensemble de la Terre* ». Pendant ce temps, le ministre Garde de sceaux, Mme Belloubet, se flattait de n'avoir élargi que vingt-cinq radicalisés parmi les trois mille détenus libérés par anticipation…Bravo !

D'autres, tout aussi déterminés veulent, à l'instar du milliardaire Bill Gates, fondateur du géant de l'informatique Microsoft (un philanthrope de la

---

[77] À propos de la colonisation, Alger le 15 février 2017, echoroukonline.com : « *C'est un crime. C'est un crime contre l'humanité. C'est une vraie barbarie, et ça fait partie de ce passé que nous devons regarder en face en présentant aussi nos excuses à l'égard de celles et ceux vers lesquels nous avons commis ces gestes* » [Sic]. On remarquera la qualité de l'expression linguistique chez ce surdoué de la fusion-acquisition.

même veine que George Soros, l'américano-magyar ou que le banquier germano-newyorkais Jacob Schiff, financier de Léon Trotski-Bronstein), qui le 8 avril dernier, dans un entretien accordé au *Financial Times* au sujet de la vaccination contre le Covid-19, avertissait solennellement que « *globalement, la vie ne reprendra son cours normal* [après la vague pandémique] *que lorsque la population mondiale aurait été entièrement vaccinée* » ! Le terrorisme wahhabite d'un côté, la termitière mondialiste de l'autre. De quel côté penchera la balance entre les islamistes fanatiques sortis des terres arides du Nejd et les oligarchies transhumanistes de la Silicon Valley ? Deux Systèmes en concurrence - ou en convergence – ayant déclaré une guerre sans merci à l'Humanité, afin de la *normaliser* de force, de la fondre et de la couler dans la matrice de leurs *machines délirantes*.

Fin de la mi-temps…
Maintenant la deuxième puis la troisième vague, la
Guerre économique et la Démocrature en Marche !

Le Retour aux Sources éditions

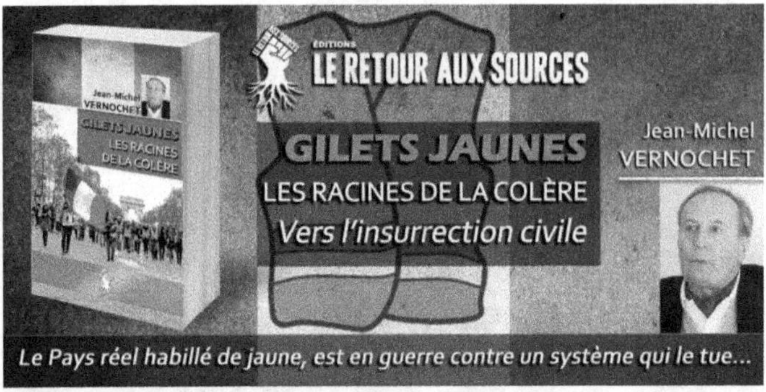

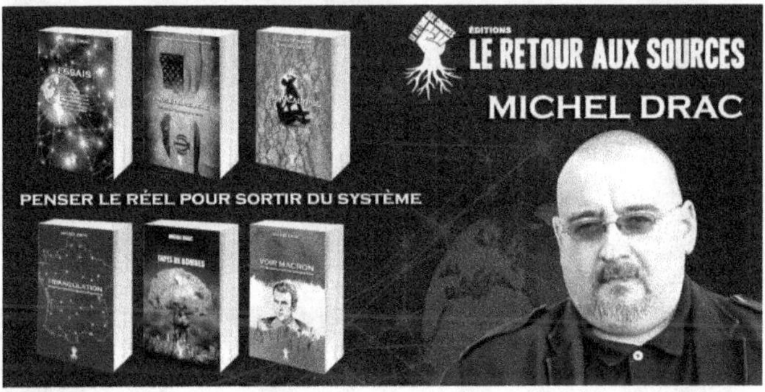

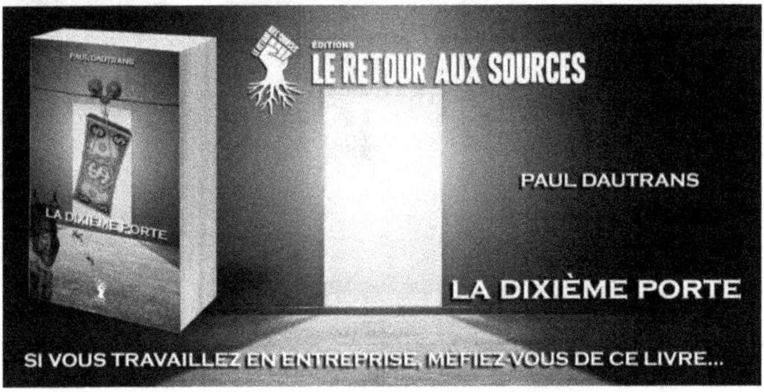

ÉDITIONS
LE RETOUR AUX SOURCES
MAURICE GENDRE & JEF CARNAC
LES NOUVELLES SCANDALEUSES
LE MONDE DANS LEQUEL VOUS VIVEZ N'EST PAS LE MONDE QUE VOUS PERCEVEZ...

ÉDITIONS
LE RETOUR AUX SOURCES
PAUL DAUTRANS
MANUEL DE L'HÉRÉTIQUE
UN LIVRE QUI METTRA EN COLÈRE ABSOLUMENT TOUS LES CONS

ÉDITIONS
LE RETOUR AUX SOURCES
JEF CARNAC
VENDETTA
L'ARGENT, LE POUVOIR, LA CÉLÉBRITÉ...
RIEN NE VOUS PROTÉGERA

ÉDITIONS
LE RETOUR AUX SOURCES
DOMINIQUE LORMIER
Lieutenant-colonel de réserve et chevalier de la Légion d'Honneur,
un des plus grands spécialistes des deux guerres mondiales

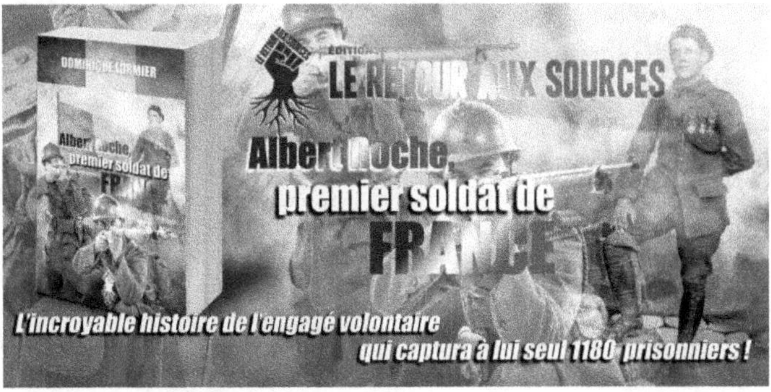
L'incroyable histoire de l'engagé volontaire
qui captura à lui seul 1180 prisonniers !

L'imposture du sauveur
AMÉRICAIN
1917-1918 / 1941-1945
Un ouvrage passionnant qui balaye de nombreux clichés
et rétablit des vérités historiques méconnues

ÉDITIONS
LE RETOUR AUX SOURCES

LES GRANDES BATAILLES
de la
PREMIÈRE GUERRE MONDIALE

Une vision globale, tactique et stratégique des douze grandes batailles
qui marquèrent un tournant dans l'histoire militaire

ÉDITIONS
LE RETOUR AUX SOURCES

LES VICTOIRES FRANÇAISES
de 1914 à nos jours

L'auteur démontre clairement que
l'armée française a souvent joué un rôle prépondérant

ÉDITIONS
LE RETOUR AUX SOURCES

Pour une
AGRICULTURE REBELLE
ou
comment
l'agriculture industrielle
nous asservit
et
comment y échapper

ÉDITIONS
LE RETOUR AUX SOURCES

LE LIVRE DU SANG
Sven et l'ancien testament

PRÉFACE DE LAURENT GUYÉNOT

Il y a mille raisons de s'indigner que cette cruelle divinité tribale ait pu être confondue avec le Dieu d'amour que prêche le Christ.

www.leretourauxsources.com

www.ingramcontent.com/pod-product-compliance
Lightning Source LLC
Chambersburg PA
CBHW072241270326
41930CB00010B/2219